善学

孙怀伟·著

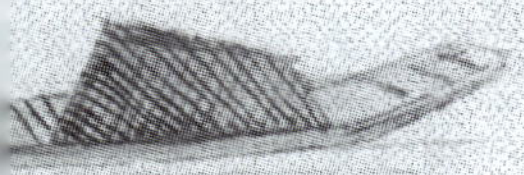

九州出版社
JIUZHOUPRESS

图书在版编目（CIP）数据

善学 / 孙怀伟著. -- 北京 : 九州出版社, 2011.9
ISBN 978-7-5108-1143-2

Ⅰ. ①善… Ⅱ. ①孙… Ⅲ. ①道德－研究 Ⅳ. ①B82

中国版本图书馆CIP数据核字(2011)第187326号

善学

作　　者	孙怀伟　著
出版发行	九州出版社
出 版 人	徐尚定
地　　址	北京市西城区阜外大街甲35号(100037)
发行电话	(010)68992190/2/3/5/6
网　　址	www.jiuzhoupress.com
电子信箱	jiuzhou@jiuzhoupress.com
印　　刷	北京市通州富达印刷厂
开　　本	787毫米×1092毫米　32开
印　　张	7
字　　数	120千字
版　　次	2011年10月第1版
印　　次	2011年10月第1次印刷
书　　号	ISBN 978-7-5108-1143-2
定　　价	26.00元

目录

第一章 善论

有些概念在我们的社会行为中被习以为常的使用，但是一些看似清晰的东西在解释上实际异常模糊，甚至根本没有确切的定义，而是每个人按照自己的主观情绪任意阐释。这种情况绝非个例，甚至我们可以说，相对于精确表达，这种情况占了更多的部分。这不能说是谁的错，而是在于我们要把一些概念普及到让所有人都同样接受的困难程度远超人们的想象，因此对于那些赢得人们普遍赞同的人，人们总是加倍推崇。

还有一种情况，就是有些看似清晰的概念实际上是被误用了，在人们没有发现之前，同一个概念会有完全不同甚至相反的理解也仍然在某些特殊的环境里存在，当不同被发现，矛盾可能也就同时产生，此时的争执必将不可避免。这时所争执的对与错往往不取决于定义本身，而是两方在主观意志上的较量。如果有力量因素介入其中，无论谁获得胜利，都不会因为得胜结果而获得定义上的正确依据。在这种对抗中，即使原先的意思是明确的，最终也会变得完全没有确定性，谁会认可强权下的真理呢？

大卫·休谟在《人性论》中的“论知性”中提到，人类感知外部世界是通过印象和观念传到“心灵”中的，并且认为每个“印象”都会投影出一个“观念”，然后由各种观念的组合形成人的各种思维和思维方式。在中文里，“观念”这个词是被影响或者进行了较为综合的判断之后而产生的主观意见，意见产生后就会带有强烈的主观情绪，因此说它绝对不属于一个自然生成机制。而在英语环境里，被译成“观念”的词是concept，现在普遍被译作“观念，概念”的概括意思。我们不去分析concept本身所指，就“观念”和“概念”两个词我们就可以找出两者绝对不可以并列在一起的理由：观念带有强烈的个人主观色彩，而概念则具有广泛定义的共识。这两者的并列必然导致矛盾。就这点来说，因为定义中所包含意义的差别，被翻译成中文的《人性论》就已经完全不是休谟的“人性论”了。因此，翻译的局限性就无法与原创的价值相提并论。

我们这本书立足于对于概念的定义，也就是寻求一些具有广泛共识的东西，但每个概念的产生都需要社会认可的最终验证，在这验证的过程中，就不可避免的需要许多个人意见的磨合，也许会产生各种不同版本的解释和个人理解，并形成我们所看到的不同观念，但最终，定会具有某种共识使得人们具有统一的理解，这是人们得以沟通的前提。

本书命名为《善学》，本意是理解善的实质，哲学家们称为本质，对于我，更愿意说是为了阐明一个统一的概念，并以此和当前许多对于善的观念相区别。

在阐释之前，我们可以列出一些对于善的传统理解：对于我们普通人来说，做对他人有利有益的事情会被认为是善举或善良的表现。对于研究学术的人来说，善并不仅仅局限于这个外在的表现，许多人有着更广泛的拓展。在许多古神话传说的意识里，人们认为善和恶分别代表光明和黑暗、创造和毁灭、正直和邪恶等等意识形态中的概念；苏格拉底认为善是人类能够达到的认识事物本质的最高境界；孔子认为善是人类与生俱来的高贵品质，但随着环境的影响，这种品质会消失，只有高尚的人才能用德行进行保留；《道德经》认为善是顺其自然的发展趋势；具有宗教倾向的人认为善是只有神才能触碰到的本质，人本身无法获得它，只能通过接近神的方式来接近它；强调人本主义的洛克说人的快乐就是善。不同的解释还有许多，我们也无法一一列举，总之，从这些定义上可以看出，人们并没有一个统一的标准——然而却可以异常频繁地使用它。

我们想用一个定义来切入主题，但是定义本身并不构成完整的概念，它总需要现实检验或者说综合验证来构成整体，就像说“西瓜是椭圆的水果，绿皮红心，多子，味甜水分多。”如果没有见过西瓜，仅仅通过这样的定义，绝对不能拼出一个西瓜出来，即使再加上许多条也不行。但是通过实际的比较，人们立刻就会知道。这里也是，我们笼统的引出一条定义，并通过各方面加以检验，如果再有外界的实体加以验证，就有机会拼出一个形态出来。

在作出定义之前，我们回复一下我们最起码的认知，就像这样的观念：做好事就是善。是的，这个说法毋庸置疑。但是许多时候为了做好事，却得到了极坏的结果，这样的行为是否还能称为善？如果有许多人可以自由表达自己的看法，定会有人认为其本意是善的，只是没有得到好的结果；但是也会有人认为因为产生坏的结果，因此从结论上说是违背了善的。

这里，我们立刻就会认识到，分歧必将不可避免的产生。因此什么是善也就无从定义。引出这种状况只是为了提出这样一点：无论我们在后面作出什么样的定义，都不是在脱离常识的情况下作出的。我们和许多人有着一样的基本认知能力，只是在有些矛盾的地方，力图寻求出一个内在的统一，而这是增长我们理解能力的重要方式。

什么是善？我们给出这样的答案：善是对于延续生存的主观要求，并以意志和相应的手段促成这一确切的结果。从个体的角度来说，这一要求可以在一切方面无限延伸。

仅仅是字面意思，这里的表达当然不容易被理解和接受，它与我们的常识观点完全不相接，并且没有任何针对性。这里不是在说废话，所以，我们会理清这些疑问。

组成自然万物的是每一个个体，无论某种合成物组织的多么严密，其中的每个个体都不会失去独立性。当然，这里不是站在物理学的角度表达物理属性，而是说，无论什么东西，只要存在于这个世上，都会具有自己的独立存在意义，有些意义我们可以认识到，比如植物可以造出供动物生存的氧气。有些我们认识不到，比如这个世界为什么分别存在苍蝇、蚊子或虱子、跳蚤，而不是只有一种，让其骚扰某些动物们，尤其是我们人类。我们可以站在人类的角度去抱怨一些“不合理”的东西，但是现实必然地不是以人的意志为“合理”方向的。就像某些信仰会造出冥冥中的主宰，如果这个主宰果然存在的话，它也绝不会是人类所描绘的样子。正像某位哲学家所说的，人造出了人形的主宰，其他动物如果也有思维能力的话，它们也会按照它们的样子造出相应的主宰形象。我们当然不是要从这些意见中理出个所以然来，简单地说，我们认可一切存在物存在的合理性。这个态度我们几乎必须要接受，因为没有能力改变它。但是有些态度仍然是对抗性的，一些人总站在自我的角度对不愿接受的东西大加抱怨，有许多这样的抱怨对于个人是不利的，甚至于会损害自身，对于后者的结果，我们认为有必要加以指正并寻求对于这种持续伤害的避免。

对于人来说，争取生存是人的第一属性，许多理想的拓展都是在这个基础上完成的。眼光略一延伸，我们也可以发现，任何能够争取生命延续的物种都有这个第一属性。热带密林中争抢生长的植物，防御攻击都无所不用其极的动物，为了生存，所有物种都用尽全部的力量以获取这个确切的结果。

生存即为善。做这样简单的概括也可以，但这只能是个泛指，而不能进行任何应用。

每一个对于善的评价都具有衡量的准则和主观的态度，一些共识表现出了这不会带有一点随意性，它们的共识在哪里，又是以什么为依据产生那些共识的，这是我们要发表的意见。

已生存的物种都保持在必然生存的瞬间，只有对于这一生命的延续才产生必然地要求。对于这个要求的支持或获取，我们才客观的称其为善。这个善在一切物种的行动中表现出来：如果没有客观环境的影响，它们都不会主动寻求自身的毁灭和消亡；对于威胁自身生命的东西，则会极力逃避或者反抗。在人的思想环境里，我们尤其可以清楚地看到这一点，因为人们不但惧怕死亡，而且欲求长寿。这一原则性的态度首先为我们提供了一个前提。

对于生存的自然要求明显带有主观性，因此我们认为善是一种主观要求。既作为一个主体，本质上具有这种自然的倾向，并以确定的手段寻求对于这一目标的实施。

一切生存物种都有对于延续生存的自然要求，不合理的寻求毁灭就是对它的抗拒。就像我们人自身，自然界为我们提供了空气、水、食物、合适的温度等等条件让我们存活，而另一部分人却要强行地剥夺这一切，他们不是在违背一种自然的要求吗？我们努力地想活着，但另一些人却想让我们死掉，难道他们不是在进行犯罪吗？这一切对于生存的要求就是善，不服从并违背这一要求就是违背了善。到目前为止，这是我们的基本定义。

对于善于应用辩论思维的人来说，世间万物都有从生到死或者从产生到消亡的过程，这种自然的消亡是否是对善的违背呢？我们说：一切物种的自然消亡都不涉及是否对善的违背，那是自然的规律，即使是发生意外也是正常现象。就像人，连长寿都保障不了，更不要说永保生命，避免死亡了。我们说的违背善是对于生命的毁灭具有主观意向，并以这个意向指导行动，并导致最终的毁灭结果或者产生具有持续毁灭愿望的态度。

当然，现实经验不得不让人们再想到这一点：对于那些食肉动物，尤其是人，所表现出来的对其他动物的残杀是否是对善的违背呢？在理解这个问题之前，我们需要对两种不同的情况进行理解。一种是自然的需要，比如说人需要吃肉，这就必然导致人会去杀害动物，这样的情况是否是对于善的违背？我们不需要进行其他的解释，就现实经验来说，对于一个长期帮助人、扶助人的人来说，人们会不会因为他吃肉就认为这个人的善行需要被否定或者说他本身是不善的呢？我相信不会。还有一种情况，某个人对于一些无辜的动物表现出了一种莫名其妙的杀戮嗜好，他会去杀一只猫，也会去杀一条狗，抓到一只兔子也要弄死之后扬长而去。对于这样的人，不知道您会作何评价？我认为大部分人都会觉得这个人很残忍，并且理所当然地认为这个人的行为是对于善的违背，尽管他杀的不是人（恶的概念我们暂时不提）。

尽管上述的两种情况在某些个人的认识里会得到本质相同的观点，但在感情上，绝没有人会认为它们可以同样被接受——虽然同是杀戮的结果。这个差异在哪里是需要我们认清的地方。

记得有位哲学家曾做过这样的论述：人类认为狼是恶毒

的，但是人打死的狼要比狼吃的人要多得多；狼吃羊只是偶尔的，而人总是长期大量的去吃羊肉；对于人来说，羊是温顺的动物，而狮子则凶狠残暴，但是对于小草来说，那些羊一天到晚都在吃自己，而狮子则会驱逐那些羊，所以，对于草来说，狮子才是至高仁慈的救世主，而羊则无比残暴。若要把所有上述的问题都拟人化，我们相信，没有任何问题可以理清，没有任何道德具有说服力。在认识问题上，作为人只能以人的角度看问题，这是基本的准则。关于从另一个物种看人或其他物种的问题，这种看法是完全站不住脚的。简单的来说，如果可以把草看作具有意识的生命，我们是否也可以把地球看作具有自我意识的生命？自然现象也是具有自我意识的生命？对于自然现象来说，地震、火山爆发、风暴、雷电等等都可以致人和其他物种于死地，它们也是不道德的，也需要被消灭吗？很明显，这样认识问题是没有立足点的，仅仅是不满情绪的发泄而已。从人的角度来说，我们怎样认识这些问题？仔细理清一下，其实很简单，就是以善的准则为标准，进行一切方面的衡量。作为人，首先要保证人的生存和延续，然后才可以对其他事物进行一切认识方面的延伸。人的生存不但要空气、水、适当的温度、适当的气压，还要食物，如果以动物为食物可以显示人的残忍的话，以植物为食物未必见得不残忍。所以，人还是什么都不要吃了。这行吗？善的基本准则是不允许的。其实，就算人都不吃饭而饿死，其他的物种还是会在自然的食物链中被淘汰和新生的。对于那种自然法则，人只能表达自己的态度，而不能实际违背其自然规律所支持的生存法则。

如何从人的角度考虑问题？这其实是废话，哪个人不是从人的角度考虑问题呢？！这里进行了一连串的分析，其实也只是想说明一点，人立足于人本身的思维没有任何错处，若说生存的本质是一种善，这个善在人的身上毫无疑问是体现了出来的，无论这个人是否认可或是否意识到。所以说，为了生存和更好地生存，无论是人类还是其他的什么物种，为了获得必需的生活资料，即使以其他物种的生命为目标也不算犯罪，因为它是对于自身生命存在的维护，也就没有违背善的本质要求。相反，当残杀其他生命既不是为了自己的生存要求，也不是为了改善自己的生存条件，而仅仅是为了达到一种破坏性的目的，我们说，即使他伤害的不是人类，甚至只是一棵小草，我们认为他都是在进行犯罪或犯错，因为他践踏了物种对于延续生命的自然要求，这种践踏不产生任何生存要求的必要，仅仅是为了违背善的本身而进行的举动。在人的情感世界里，上述的两种情况是符合人们的情感要求的吧？有人认为人的情感是不确定的，哪里不确定呢？人们如此根深蒂固的以善的准则为衡量标准，并以此产生具有广泛共识的道德底线。

只要这个社会有罪犯，我们就不会说没有例外。在许多人的意识形态里，他们就支持犯罪的行为，并且会经常做出那些无聊的伤害无辜的事情。但是在人们的内心中，不是以符合善的准则的同等的道德标准来进行衡量的吗？哪些人是高尚的？哪些人是低劣的？人的内心衡量要比所有的法律、风俗、制度的衡量都更加标准。

人们具有一种自然的对于善的依附倾向，但前提是不要有损自身的要求。一旦涉及自身利益诉求，扭曲的态度将难以避免。这是现实经验带给我们的毋庸置疑的真实体会。可是如果这种情况必须要我们接受，那前述的一切定义就都是空谈，更加不要妄谈社会验证和评判。但事实并不止于此处，看似矛盾的背后有着惊人的内在统一，发现它，这是我们的价值。

在上述善的定义中，个体的生存被放在了第一位，但是在社会经验里，没有几个人会说因为活着，所以是善的，而是会出现另外一种情况，就是某人帮助了别人，并解决了别人的困难，人们才会从这另一个角度去评判。不仅如此，就算某人认为自己是善良的，衡量的标准也是看自己给过别人什么帮助或者提供过什么样的服务。但是在认可社会认知的水平之前，我们还要继续完善作为我们的基础的善论。

从个人的角度来说，个人除了对自身的生命延续具有要求和对子女进行保护的自然天性外，很难再去主动的对他人的生存具有维护的要求。但是社会的组织环境促成了另一种局面，就是人们借助组织化协作的关系，彼此之间互相扶持、互相帮助、互相支持，由此优化了人类整体生存环境的事实。

人与人之间的帮助和扶助关系并不是都在表面上直接显示出来，在一个社会中，有人从事农业生产，有人依靠制造农业生产工具出售给他人为生，有人既不从事农业生产，也不制造生产工具，但是他们为别人提供御寒的衣服，有人不做这里的任何一件事，但是他们为别人提供猎取的肉食产品，为他人增加营养，还有些人为这里所述的一些人的互相交流、交易的不便提供方便的交易平台，使得各种互助措施快速到位。所有这些人的等等行为有哪一项不是对于他人的帮助和付出？我们可以确定的说，这种组织环境中的每个人的每种职业除了为自己谋得生存资料外，都总会为他人提供服务。不同产品（包括服务）的交换行为就产生了组织之善的基础。

对于个人来说，并不仅仅是对外的直接帮助或扶助才产生善的行为，只要立足于劳动并实现有效产出，其工作就完全是对于善的实施。谁能说他们仅仅立足于自身的生存，而不具有对于他人生命延续的实施呢？一定会有的。一个农民，种植的粮食除了自己吃之外，还会通过交易的方式卖给别人，从而也让他人获得了生存的资料。一个医生，在目的上如果仅仅为了自身的生存，当他有了延续生存的物质储备之后，来了病人，他可以不管，因为只要自己拥有足够的生活资料就行了，病人死了也和他没有关系。确实是这样，他具有态度上的自由。我们可以清楚地看到，病人完全可能因此而死亡。这个死亡是自然死亡，完全谈不上是医生的责任，谁能驳斥这一点呢？若要驳斥其道德上的缺失，可如果他那天有其它事无暇顾及或本身处于无能为力的状态呢？由此我们看到，一个被社会所接受的职业即使为了获得报酬而工作，其工作也具有毋庸置疑的善的性质，当他人被拯救了生命的时候，报酬只是态度表现，内在的东西是职业行为的本身，而不是由报酬反映出来的交换行为。若因为交换就认为具有天经地义的责任，那拒绝交换而造成的缺失就没有任何责任可言，那道德的缺失从何说起呢？所以我们说，善的行为的第一表现在于有效的劳动产出，也就是工作，而不仅仅是不接受报酬的帮助行为。当然，后者的善行性质毋庸置疑，两者如何比对我们后面再谈。（关于某些工作不但不促进善的发生，反而践踏了善的准则的行为我们后面再谈，这里暂时只建立原则性的定义，具体的解释工作后面再说。）

社会的道德正是建立在这一基础上，既看其行为是否倾向了善的要求，而不是对于不善的指责（大卫·休谟认为道德没有自然基础，这句话无疑是错的）。也就是说，我们社会上的人们因普遍的善的行为而产生了社会的合作和互助，这些行为都是内在的或本质的，比起那些偶尔为他人提供了便利的善行，这种内在的行为具有无限的价值，如果这些内在的价值不被认可，在一些人受到不如意的时候就抱怨社会的不公和对社会进行仇视，这样的问题不是出在社会，而是这些个人的态度具有不客观和不公正的偏激。当然，对于那些受到过巨大危害和伤害的人来说，这个过于原则性的角度也是难以被完全接受的。有效的工作还是理清一些社会的行为准则来和定义进行一些对比，这样显示出来的结果不但可以客观，而且会具有可衡量性。

直观的做出对他人有益的事情当然会被认为是善的行为，但是这里也有个条件，那就是做这种事的人在平时就有社会性的工作性质，既具有基本的劳动产出价值，如果不满足这个条件，那我们看：一个乞丐，他在一个偶然的环境中救了一个人，这个被救的人当然是感激他的，于是认为这个乞丐做了件善事，其他人也这样认为，于是感激他，给了他很优厚的报酬。这个乞丐对于这个报酬开始坐吃山空，因为其本来就不具有劳动的实质价值，这种处理方式也只是对于原先生活的延续。这个乞丐把他的报酬吃空了之后或者继续向被他救过的人索取，或者继续以前行乞的生活，这都可以。对于社会的衡量准则来说，从长远的角度来看，人们愿意认为这个乞丐是个善人吗？尽管他曾经做了善事。社会的准则不允许这样衡量，包括被他救过的那个人，如果不能改变乞丐的生活方式的话也不会长久的认为这个乞丐是个善人。在以前的观念中，人们认为这是人的自私或忘恩负义的表现，但事实情况并非如此，人们不认可他是因为他不具有对社会持续善的贡献，是人们对于不善的人的否定，丝毫不涉及所谓的忘恩负义。如果这个救人的人具有自己的工作环境，即使他的收入很低，但只要长期的保证自己的劳动行为，被他救过的人即使当时没有给予回报，在内心中也会有发自内心的感激，如果能力允许的话，在合适的情况下一定会给予回馈的。除此之外，还有一种情况，就是救人的人本身是个大富翁或权势崇高的人，被救过的那个人会永远的记住这个人。是人们崇尚权势的恶劣品质吗？丝毫不是。而是对于善的绝对要求。一个富翁或有权势的人，其地位在经验中是来自非凡努力工作的成绩的结果，没有人会认为，社会中只有最昏庸无能的人才能掌控权势和财富，而是相反，大部分人会认为具有更高能力或更杰出的人才有条件拥有，而拥有它们的人并不只是坐吃山空，而是在这个环境中具有非凡的处事能力，否则不能保住其现有地位或资源。就像一个身处公共事务中的人一样，更多的资源总是意味着满足了更多的服务目标，而这些行为无疑是对善的更高要求的体现。因此，被救的人在表现上会对于这样的人具有更大的尊重及回馈欲望，甚至反过来以命相报也不稀奇。同样是被救，三种情况所产生的差异不是明显的吗？把后一种人和先前的乞丐对比，被救者在认清了乞丐的行为本质之后会对其具有以命相报的觉悟吗？如果这个人要坚持这么做的话，其他的人可能就会认为其心理状态不健康了。

除此之外，与这几个人相对应的不同情况也能说明这一点。对于第一个乞丐来说，如果他救过的不止一个两个人，而是长期有很多人被他搭救，那被他救过的人就是另一个看法：虽然他行乞，但是他对于拯救人具有非凡的能力，这种直接立足于延续他人生命的行为无疑具有对善的延续的服务价值。即使他行乞，也有人愿意甘愿继续接济他，并给予长期的感激。对于第二个人来说，虽然这个人的工作不具有崇高的价值或理应有的社会效率，但是他的收获具有不与劳动行为相等的高回报，比如他是一个蹩脚的医生，医术不高（会经常医死人），但是诊费却总是高得惊人，这个被他救的人即使在被救时对其心存感激，但是介于其对于善的工作的不足或缺失，之后也会谋求遗忘，而没有人会对他的这种态度进行更多的指责。之所以这样，正是对于善的准则的价值衡量的原因。我们再看第三个人的不同状态。这个救过他的大富翁道德极端败坏，利用原先他人遗留下来的资源，这个家庭的主人无恶不作，完全不能说对于社会具有服务与贡献。这个被救的人在这种情况下是否还会产生以命相报的想法是完全值得怀疑的，甚至于会产生被这种人救也是一种侮辱的想法也说不定。（对于那些渴望攀附权势的人的态度，社会上不可能用符合道义的眼光来看。）

上述的是同样一件被救的事，但是由于环境状态的不同，人也会表现出完全不同的状态，但是一切不同状态的依据并不是来自于个人人性对于客观环境的多变，而是以确定的善的准则对于不同的环境进行了不同的衡量的结果，从这些衡量中，我们看到，除了做出直观的有利于他人的事是一种善事或善举之外，人们面对社会的工作产出才真正起到对于善行的衡量作用。以前的人们评价某人是否善良，大部分都是取决于表面的态度，因此在与实质的对照中总会发生矛盾或争执，但是通过对于实质的对照，人们在衡量上会具有更客观的评价。在这些评价里不但可以得出为社会进行劳动工作的人都是善的，也会得出那些不通过劳动对他人进行服务的人是不善的结论，若是他们还谋求携掠社会的财富，这样的人就是不可原谅的，如果不对他们的这种行为进行限制，这个社会就真的没有什么公道可言了。

上述的情况还有一个重要的因素必须独立的分开加以认清，那就是无论是工作还是帮助他人，都要考虑到个人能力问题，在能力达不到的地方，这里的准则不能作为衡量标准，即使它具有广泛的公共性，也只能作为自然状态，比如让一个不会游泳的人跳下水去救落水者，绝对不能因为他不做而否定他。

到目前为止，上述的理论是我们所表达的意见，回到社会常识中，一个具有很好的工作效率的人并不会超过直接帮助他人而获得更多的感激，这个问题出在哪里？这里面有着异常直接的本质性答案。我们说，无论什么性质的工作有着怎样的善行意义，人们都是以交换形式给予了回馈的，不仅有报酬，还有尊重，并会在其人发生危难的时候给予援助。即使后者难以达到，也会在回报中增加其储备以防止不测。没有多少人所得到的劳动回馈永远只够维持当时的生存条件。只是因为立足于交换，人们总会有意无意地通过市场换算的方式追求相对的等值。帮助人所受到更多的感激则来自这种现实：当某个人需要得到帮助的时候，是因为他没有能力交易到需要的东西，处在这种困境下所受到的损害往往是致命的，因此此时对其予以援助，本质上就是直接的改善其处境甚至延长其生命。对于这种具有绝对意义的行为，人们怎么会不予以感激？此时交易价值的无限性也就体现了出来。如果拯救了生命，有什么东西可以进行等价交换呢？

从我们的现实经验来说，当人们用善或善良来表现某个人或某件事的时候，往往要涉及对他人的关系，而很少有人说，这个人对自己善良，或者说，他对自己做了件善事（在不涉及他人的情况下）。事实往往是只有当作用于他人，并且为他人带来益处的情况下，人们才说“这个人是善良的”或“做了件善事”。也就是说，只有通过社会，人的善才被经验所认识，才被情感所认可。这正是我们在此所定义的主观要求的原因所在：停留在瞬间的自然存在的状态不具有可以要求的实质，只有在动态中，人们才具有精神上的拓展。对于个人来说，只有争取自我生命延续的自然行动，而没有一个不涉及“对方”的主动要求。所以，只有通过可以交流的环境平台，人们才能够在相互的交往中产生要求或评论。善的本质是生命的延续或存在，而已经存在的状态是事实，没有其他可以衡量或评价的地方。只有对于生命的延续具有主观的要求，并且通过某种方式来实现这种要求的情况下才能够产生认识或评价的实质，而这无疑要借助“相互”这个平台。就是说，只有在涉及某个“对方”的情况下我们才能评价，才去衡量，才具有表达的意义。对于个人来说，在不涉及他人（或它物）的情况下，无论是说“我是善良的”还是说“我不够善良”都没有任何意义。所以我们才会看到，即使善的本质是个体的现实存在或对于存在的延续要求，我们的表达仍然是通过某个对象在行为上所发生的帮助事件产生出来的结果来表达感知上的态度。

有许多善行的结果虽然不直接显示促成了人的生命延续，但是增加了活着的满足，比如那些让人高兴的事，或得到和发出感激的情感。谁能说这些被增加了活着的满足的人对于延续生命没有帮助呢？一定会有的。一个对活着的状态一直不满足的人，没有人敢保证他不会具有寻死的念头；一个在内心中对别人或对社会不满的人，没有人敢保证其不会谋害他人或危害社会。而那些践踏了活着的满足的行为无疑是对善的违背。所以，我们说，在此定义的本质存在的善并不与现实经验的善不符，并且可以肯定地说，它们是同一的，并且表现出的是绝对的。当然，一些人会认为把人杀了也是做善事，因为杀的是坏人。虽然对“坏人”这个个体违背了生存要求，但是对于整体是有益的，所以也是善的行为。事实上，对于这个说法，这里的理论是不承认的，无论什么情况下，维护生命存在都是善的唯一直观要求，所谓的罚恶在许多情况下都是使用不当手段处理事情的借口，因为一些人眼里的坏人在其他人的眼里可能是好人，或者并不是那么坏，你凭什么能够对他人做出最终的鉴定呢？若说某人干了坏事，一个受益于社会组织的人为什么要做坏事呢？难道他对于基本的生存没有要求，而要别人来反抗他并致他于死地？这个问题以前的人不可能解决的了，但在这里会给出完整而系统的答案，并且，这里的答案再不会被任何人和经验所推翻。

从情感上来说，不接受罚恶的上述观点难以被接受，因为许多人都清楚地看到,世上存在很多残害好人和无辜者的恶人，在情感中，他们令人痛恨，因痛恨他们而愿意舍弃生命去与他们对决的人也大有人在，所以，践踏善的准则的恶是存在的。但是，如果没有内在的本质根源，仅仅是简单地把善和恶，作出对立的划分，许多问题就无法解决，因为它们中间本身就存在着矛盾，惩罚恶和恶人作恶有时候是无法区分的。内在的根源是什么？这是我们的重要课题。

上述的既不承认恶，又认为恶是存在的矛盾说法难以令人接受，确实，用本质和表象对照确实会产生许多矛盾的现象，但也因为很多矛盾的产生，才激发了人们对于事物的统一的探索。

恶建立在这样一个基础上，就是受到伤害的人对于伤害自身的因素的憎厌。这往往不限于特定的准则，人们不但可以认为人是恶的，也可以认为能够伤害到自身的动物也是恶的，甚至自然中的风暴、雷电等等事物都可以看做危害自身安全的恶劣因素，相反，人们对于自己能够伤害到的动物，比如羊、牛则不会认为其属于恶类，因为它们不会伤害人自身，而人却不会考虑自己会经常伤害它们。不但如此，即使人们认为哪一种东西属于恶类，比如干了坏事的恶人，只要它们不伤害自己，并且能够为自己服务，也就再不会把他们当做恶类，比如一个杀人抢劫的强盗，在世人眼里，他毫无疑问是恶人，但是对于被这个通过抢劫养育的人来说，更有可能会得到他的感激，并理所当然地认为他是好人。中国的著名文学著作《水浒传》就阐发了这种观点：一群杀人抢劫的强盗可以变成英雄的化身。直到今天，许多看到这本书的人对于这种观点也是不加批判的自然接受并津津乐道。

为了完善人们的行为，善可以作为准则来升华人们的生活目标，若说把恶定义为某种本质，这种本质只能显示出人的恐惧和懦弱，因为人只对那些不能战胜的能够使自己恐慌的东西具有心灵上的恐惧，并对其产生恶的概念认识，许多事实也证明一点：只要人们都鼓起自己的勇气去战胜那些看似强大的力量，恶就不再是问题，也就可以消失。因此说，恶并不具有本质性。

自然的毁灭往往意味着重生，人的毁灭只因为缺乏足够的防护。如果因为缺少防护或防护不足就是一种本质性的恶的话，那我们就无法在善的状态下生存。作为社会现象，善和恶的表面对立并没有错，但是涉及本质，它们不过是个人情感的表达，除了反映当事人的状态，也实在没有什么值得深入讨论的地方。

众多的善的行为和现象不但可以通过组织化的社会反映出来，也可以通过社会手段加以实现。当众多的行为在经验中这样发生的时候，与之相符的理论依据就有必要。

理论依据不但需要从现象中提取准则，还要对现象中的矛盾具有深度的解析。在人类社会中，许多的理论观点在表面上都满足了这个条件，但是再把这些准则拿去对照经验的时候，很多地方竟然又不符。有人把这些问题归结于事物的多变。毫无疑问，这个角度的认识是不可取的。事物确实多变，但是从来没有什么东西是不分青红皂白的乱变，科学的每一步发展都有力地证明了在相对环境中都具有相应的绝对准则，只有对应的因素不同才会产生差异，在相同的环境下，如果没有可取的准则，也就不会产生同样的存在现象。因此我们说，当某个理论与现实现象出现矛盾的时候，需要否定的不能是现实，而是理论本身的问题。这在古今中外的许多理论中都可以找到相同的问题，尤其是那些立足于道德说教、神学信仰和辨证中的完美主义的哲学论述，在那些观念基础上，用验证提炼出来的科学具有更大的可取性。这不仅指科技成就，还指那些能够承认现实、客观认识问题的方法。这些话有些离题了。

有种情况不被现实经验所认可，但是却具有重要的观念价值，就是那些受到帮助的人所促成的社会行为本质。只要是为了促成生命的延续，我们说，就是符合善的要求的行为。因此，对于受到帮助的人来说，毫无疑问是获得了这个结果的，由此我们说，接受帮助也符合善的要求。同样是获得帮助，不同情况也会导致不同的后果，并因此产生本质性的不同。我们在此列出几种情况进行对照：

a. 在社会的必须消费资源整体趋于剩余的情况下（这是必然的，资源不足会导致人们整体的恐慌，并因此努力增加产出，直到具有剩余为止），多余的产出就需要做好合适的处理。如果把剩余的社会资源引入到个人的奢侈性浪费，就必然导致社会的不公平，这样的消费不可能达到任何平均、合理的状态（具体原因请众位以自己的社会经验和认识为参考）。除了进行必要的储备之外，如果再把这些剩余的资源接济那些没有劳动能力的人，这些被接济的人就会发自内心地对社会产生感激之情。他们不但获得了生活资料，并且增加了活着的满足（没有人极端贫困还不具有劳动能力而开心生活），从这方面来说，就产生了社会的善举。另外，社会是个整体概念，实质上，每个行为都是由独立的个人来完成，当这些人受到特定人或人群帮助的时候，也就产生了宣扬善举的实质，这种宣传对社会来说只是对于一部分人的认识和看法，而对于这些帮助了别人的人来说，那是无限价值和荣誉的体现，这当然增加了他们对于善行的更高追求，关键是，他们为社会提供了一种提示，就是人可以以更高的精神状态存在。因此我们说，一些人即使是接受社会的帮助，他们也是对于善的促进，并且，深度和广度并不亚于那些帮助人的人（或者说他们具有同样的社会价值）。我们自然会看到会有许多人把这里的见解当做谬论，原因自明，他们认为受到帮助的人不是通过劳动获得社会的产出，是纯粹的索取，虽然不能定其为恶，也不能当做善啊！确实，这种话有些道理，但是他们看不到没有道理的一面，就是人类社会并不以等值的交换作为价值衡量的准则，许多时候，人的价值是在负面产生的，比如不打仗就没有英雄，没有不负责就看不到负责任，甚至本末倒置的把权力和责任反比看待，这些都对人类社会提出挑战，想找个逃避的理想港湾是没有的，除非不顾社会责任或者不对人生价值具有追求。

自然，有种行为是让人不得不考虑的，就是那些具有劳动能力但是不劳动的人，对他们怎么办？这看似担心的有道理，实际上是个伪命题。追求价值是人的第一社会性，没有这种要求，人就不过是个躯壳，因此许多的残疾人或其他不健康的人都会具有实现价值的工作欲望，只要条件允许，没有人会愿意扮演行尸走肉的角色。有些人看似这么做，实际上是不公正的社会给予了那些人不公正的压力，让他们产生逃避的心理，与其扣问他们的道德，还不如找出社会的不公正因素，这里显示出来的性质不是具有更大的社会意义吗？歪曲的道德大棒打不死人，最多只是显示了某些人的野蛮与无知而已。

b. 许多受人帮助的人对于帮助自己的人具有发自内心的感激。确实，这种感激没有错，但是真正能够实质的体现这种感激的不是在心中念念不忘那个人的恩惠，而是作为一个人，一个具有社会责任感的人与曾经帮助过他的人一样的为他人提供方便。这种符合善道的思维在具有实利倾向的个人意识中难以被有效的接受，所以，拥有社会组织之善的法律就有责任为之提供环境。可是到目前为止，世界上具有这种倾向的法律寥寥无几，因此，道德上的目的就作为一种崇高的理想被高尚的人们追求着，在这方面，法国作家雨果在《悲惨世界》一书中就刻画了主人公之一的冉·阿让和卞福汝主教米里哀先生的精神追求。

“不吃嗟来之食”的典故在中国被作为高尚情操流传了下来，由其造成的结果就是必然地导致个人更大的困境。别人的态度对于个人的尊严来说确实具有举足轻重的影响，但是人的真正尊严并不完全依赖于别人的态度认定，一个有价值的人即使得不到他人的承认也仍然可以获得心灵的安慰。而那些本身不具有价值，而是完全依赖他人施舍的尊严来衡量自己的人，即使得到了也不会具有道德上的情操。对于这个不吃“嗟来之食”的人来说，无论事后如何，在当时这样做都是危险的，由此产生的完全不必要的伤害必然是对于善的违背。

殷商末期，伯夷、叔齐因不食周粟而亡在许多时候被作为道德情操的典故流传下来。对于这种只是践踏了善本身的要求而不具有任何实质性创建的行为，除了说他们是对自己犯罪之外也实在没有其他好说的。在他们眼里，统治行为就代表对于自然资源的占有，这多么可笑！大自然的资源是赐予每个自然存在物的，包括人，只要具有索取的能力，它就会给予无穷的馈赠。有哪个人敢于声称占有它们呢？等他死了之后，那腐朽的躯体会像尘埃一样被淹没在自然元素中，实在是不值一提的东西。

无论有多少人怎么推崇那些荒谬的信念，它们都不会成为人类共同遵守的准则，因为对于信任这些道德的人来说，他们只是在要求别人做这些愚蠢的事情，而他们自己绝不会这样做，真的这样做了，他们也不会宣传——因为没有空间，死前是没有进行行动的意见，死后没有表达实现行为的能力。

这些建立在对于善的违背上的品德完全是虚伪的，不应该也不会具有真正的道德力量。

农夫和蛇的故事是目前大部分成年人在小时候就听说过或学到过的，就故事本身来说，它没有什么需要被考证的地方，但作为寓言，它包含了对于社会某些现象的理解，而这无疑来自于现实。当一个人被人所帮助，而这个恶毒的人为了自己的私情反过来害了帮助过他的人，他自己的生存要求是满足了，但是践踏了别人的生存要求并恶化了别人的生存环境，并且这个人没有任何可以进行补偿的地方，这种无耻的行为无疑是对于善的绝对违背。

e. 脱离了体力劳动必要的脑力工作者是人类社会发展中的重要人群，因为受到社会组织所聚集资源的接济，他们具有足够的闲暇和空间来考虑社会组织结构的改造和处理社会矛盾（科技工作者仍然是劳动人群，我们不把他们划入到这一行列，因此就不把他们的工作划入到这个部分里），可是这里面的大部分人都把社会对自己进行接济的资源当作自己的智力产出，并在此之上以被疯狂拓展的欲望去携掠更多的社会资源，不仅于此，他们仇恨为他们带来产出的劳动阶层，认为他们是自己的资源竞争者而加以奴役和排斥，丝毫不考虑自己实际上是得到他们帮助的受接济者。这种恩将仇报的行为贯穿了整个人类历史的发展阶段，并以完整的逆行思维见证了人类对于组织之善的践踏事实。历史和当代的许多理论认为，正是那些野蛮的不道德行为开拓了人类社会的组织发展，产生了更高的组织文化。这种说法在曾经几乎无法被有力地反驳，但在这里我们会做出证明：人类的发展不是因为借助其野蛮的拓展思维，而是恰恰相反，每一步的进步都是因为制止或遏制了那些野蛮的思维而产生的实质成果。

f. 因继承他人财富而获得安逸的清闲者并不在意自己舒适的生活与其他人通过艰苦劳动工作才能获得基本生活保障的差异因素在哪里，他们只愿意享受目前的良好状态，清闲到无聊的时候，就去找些使唤的人，以奴役人的乐趣来填补清闲到无聊的空虚。无论在什么时代，这都是财富分配差异化的真实写照。我们只想提出一个问题，就是人类是否应该理所应当的具有这种差异并且享有由此差异带来的乐趣。如果有人做了肯定的回答，我们接受，但是要提出一个绝对需要实行的要求，就是请他用至少半生的时间去接受那种被奴役或艰苦劳动工作还无法获得安全生存保障的位置，是乐趣还是艰辛（或者是像当代众多演员意识里的“人生如戏”，还是实实在在的生活？）再任由他去体会。站在清闲者的位置上去满嘴放厥词不是社会人干的事，说他不是人不算过分，说他是畜生有时候是侮辱了畜生的，因为许多畜生的价值都超过了这些人。

上述的几种情况并没有哪一点会辱没人们的常识，通过经验的验证可以在任何方面作出衡量的准则或决断，但这些不是全部，它们只是对于善的准则进行论证的一部分。在曾经的一直以道德情操来衡量善恶的观点与之相比并没有很大差异，但是在出现矛盾的问题上，许多问题就没有有说服力的决断，而这里则可以提供较大的参考准则，但是现实是：大部分人们并不是守着道德法则过日子，为了应付生活，人们必须接受各种现实因素，即使有时候不是心甘情愿，因为违背了自己的道德准则，但还是要接受。这是现实生活的要求，对于这一点，我们不会进行一点指责，用自己能够选择的生活方式生活下去，这并没有错。但是把这里抛开之后，人们如果没有精神上对善的更高追求，以及对于社会进行改良的愿望，我们就认为，这样的人真的就没有任何可值得托付的地方了。对于人来说，这是悲哀的，如果什么事情都是他做不做都一样，谁还会觉得其具有丝毫的价值呢？

教育作为人类向更为崇高的善的文明进化的基础，无论它处在什么水平，只要产生了公共的接受效应，它对于善的促进都是毋庸置疑的。一个在野外环境中成长的人（或者其他动物），除了自我保护的本能，无论如何，他都不会具有像接受了社会教育的人一样对于他人遇到困难时具有帮助的愿望。他无视一切别人受到的伤害，除了保护子女的自然本能，仅仅对于独善其身具有要求。对于一个受到了公共教育的人来说，无论他接受了什么样的思想，其主观要求里都不会没有对于同类的扶助愿望。即使一个受着极端狭隘的宗教意识教育的人，或许对于信仰外的人无视甚至仇视，但是当他遇见了一个遭遇危险的人，并且可以轻易地对其施以援手的时候，他都会首先把人救了再说，而不是要先弄明白对方是否与自己具有相同的信仰——只要不是夹杂了敌对的情感意识。教育的崇高程度基本与对于善的要求成正比。对于善的要求越广泛，教育的程度越崇高。相反，对于善的要求相对较小，甚至在教育中鼓吹对其他同类的仇视，这样的教育也就越卑微。善的实现程度又往往与力量的大小成正比，也就是对于善的要求越广泛，所产生的团体力量也就越大（这是后面的论题，这里暂不多说）。到了现代社会，更为崇高的教育甚至超越了对于同类的关怀，而把它们投向了整个大自然的存在要求，崇高而伟大的心灵不但关心着人类，甚至关心着动物和植物，使之在条件恶劣的情况下加以延续。这是任何依靠本能生存的物种都绝不可能做到的。

但是大自然也并没有完全的偏向于人类这一群体，众所周知，伴随着人类创造能力和崇高精神的延续和升华的还有对于环境莫名其妙的破坏和毁灭欲望，甚至对于人类本身的仇视也显示于众多人的意识形态和情感要求里。但是通过自然本能而生存的物种却绝对不会这样，肉食者不会在不饿的时候滥杀无辜，植食者也总是有意识的保存自己的生存栖息地，使其在自然的枯萎和新生中满足生态平衡的和谐。谁能确定人类的超越不是对于自我延续能力的退化呢？尤其在毁灭性武器泛滥的今天。当然，这不是警告，仅仅是一种提示。

在中国的历史典故里，“韩信报恩”被作为故事流传下来，但事实上，他的行为是人对于善的理解所发展到的水平的一个见证。他给予一位不要求任何回报而无私帮助他的人以最优厚的报酬，但是却给予那位刻意帮助自己的人以极小的回报。理由就是前者不求回报，在精神上是无私的；而后者只是为了得到他的回报，是立足于交换的，而交换总是意味着同等的价值。

在这里的理解中，我们这样认为，那位不求回报而帮助人的人（一位老妇人）是出于内在的动力，就是无论谁遇到困难，她都会施与援手，在善的实施中，这是无限的；而那位为了获得回报而帮助人的人，他也没有错，也是对于善的实施，但是如果在意识里他认为不能得到这种回报，那他就不会做这种善事，因此，他的善举是有限的，也是可以交换和衡量的。以善的要求为准则，韩信做出了公正的决断。那是在两千多年前，而今天，许多人都减弱了这种衡量的能力，并由此造成了公正的丧失，而公正是为了更大的善举创造条件的事实则毋庸置疑。

从每一个个体的角度来说，善都是一种自然的存在形式，但是这个自然存在仅仅是一种状态，并不能定义为一种性质，真正可以表现性质的地方在于：生存物种对于延续生存具有无限的要求欲望并以相应的手段来实现延续生存的行为。在行为中，每种物种或每个个体都会用适合自己的方式对此进行追求，对于我们人类来说，能够从有机物（尤其是动物和我们人自身）身上清楚地看到和考察到：强大的动物会寻找易于获得食物的地方作为自己的生存栖息地，弱小的动物往往寻求群居联合以自保（我们人类无疑属于这一类型）。为了生存的需要，处在群居环境中的个体即使受到其他同伴一些不公正的待遇，如果还能够忍受，也不会轻易地放弃能够得以自保的群居生活环境。在我们人类社会中，情况也基本与此相同。所以，当一个人在社会环境中寻求自身毁灭的时候，必然是承担了巨大压力的后果。因此，我们这样理解：人类的社会组织本身就是为了其中的每个个体的生命延续而发生的善的行为。

上述的篇幅基本上建立了一个原则性的定义，仅仅通过这样的定义建立一个原则性的概念不是我们的目的，如何在行为方面具有更为可行的取舍，这并不是只有政治和法律才能决定的事，时刻参与其中的我们有着同样的发言权。

我们知道什么是善，但并不代表就具有善行。一些无意的损害难以避免，有意的损害也可能在蠢蠢欲动。精于逐利的人们并不会认为自己在哪里犯有什么过错，实际上也确实没有理由对其进行苛刻的指责。有许多善事大家都明白应该做，也想做，但不知道怎么做，某些环境甚至会逼迫个人放弃良知或在公与私中做两级选择。仅仅一个善的定义绝不可能解决掉这些问题，因此，我们还要继续探讨更多的东西。

争取自我生存被放在了善的首位，在群居的人类社会中，每个人也确实都把这当作第一诉求加以维护。人类社会的竞争同其他物种的竞争一样，有时候就要拼个你死我活。那相互维护的组织之善和个人之间的竞争矛盾怎么协调？可以说，这是人类社会最大的难题之一，我们从两方面加以分析，一个是个人，一个是社会组织。

第二章 观念论

大卫·休谟的《人性论》是探讨人性的个人理解思维的杰作，但是相比于通过医学考察而证明人性的洛克要逊色，尤其是后来的神经科学产生之后，那种意见也只能当作训练思维的方法了。尽管如此，我们也仍然借助相同的辩证理解的方法来申诉我们的观点。有时候，结果并不是那么重要，用怎样的思维去看问题，往往会产生更为具有指导方向的行动。

因为译本和原著不同，我们想引用的名称需要从中二选一，本书是用汉语进行写作的，因此我选择用汉语翻译过来的材料，也就是被译成汉语的大卫·休谟的《人性论》，因为荣誉归于休谟，谁译的这里就不提了。

《人性论》在对“印象”和“观念”的理解中出现了偏差，导致了最终走向不符合一切现实经验的怀疑主义。

在对于人类理解一切事物的资料来源方面，作为基本元素的印象的作用显而易见，休谟清楚地认识到了这一点。但是他把“观念”的性质建立在了绝对印象元素的影子上，既每个印象都投下了一个绝对观念的影子。虽然他强调了最终观念建立在各种简单观念的重复或复合之上，但是观念的主观性或主体性是没有体现出来的，而这与我们的现实经验完全不符。这就导致了一个定义上的问题：作为印象的影子的观念又具有了自己独立的行为意志。那这个影子与印象之间就不是主体与主体的投影之间的关系。这个原则性的错误是导致《人性论》最终走向怀疑主义错误的基础。

我们并不打算对《人性论》这本书或休谟的思想进行系统的理解或批判，而是要借助他对于“印象”与“观念”的性质的理解作为我们理解事物的工具，而上述的更正就是我们在原则上与其产生分歧的地方，这个分歧就是对于“观念”的不同理解或定义。

若是将印象作为我们理解众多事物的基本材料或元素，那作为具有独立意志的观念就不会是任何材料的投影，而是拥有绝对意义的有效主体，并且具有确定的性质。我们认为这个性质就是一切个体对于事物的对与错、是与非的认识和评判。既每一个（或每一种）观念都是建立在对事物现象进行分析和评判的两极选择上，要么对，要么错；要么是，要么不是。同样，如果某个问题没有一个两极性的选择，那在这个问题上也就不能形成一个明确的观念。事实情况正像我们所看到的，人们总在这样的问题上摇摆不定和徘徊犹豫，也就是不具有一个确定的观念。

这里也有个问题，就是观念本身是凭什么来评判和理解对于事物的对与错、是与否的两极选择的？这里将切入到我们所要阐述的重点。

哲学家们深信自己的工作就是理解一切事物的本质，追求终极答案的真理。但是从从事这个探索的人开始（西方人认为最早的哲学家是泰勒斯，但我认为这个说法并不适合作为可信的基本定论），经过了无数人的探索，所取得的成就似乎只限于自我肯定和争执，当哥白尼、牛顿等人以具有绝对说服力的证明解决掉那些无益的争执的时候，那些精于辩论的哲学家们并不是接受他们所要追求的真理性的现实，而是找到其他能够逃避显示出自己无知的地方（许多人选择了宗教或主观唯心的思辨）。这种行为本身就对于人的追求提出了疑问，在表面上抛弃了一切世俗要求的追求真的是为了探索真理吗？（加了点题外话）

若说一切个体对于自己的存在要求是得以存在的前提，我们认为这样的说法不会具有任何可反驳性。就像我们人，如果对于生命的存在没有要求，在面对死亡的情况下不知道逃避，这样的生命会得以延续吗？很明显，不能。无论是像要吃饭这种机体的自然要求还是像要逃避危险这样的意识，结果都是一样。主动获取一切得以生存的资料是存在物得以存在的基本前提。这个要求总是以自我需要为中心，因此我们把这种要求称为利己性准则。或许需要说明的是，这个利己性并不等同于社会上所说的自私。在一般情况下，自私是指在对比性的利益抉择中较直观的进行自我利益要求的选择，这意味着它会放弃公共利益和他人利益的要求。从古自今的明智教育理念都清楚地告诉了我们，当因为自私而损害他人利益或公共利益的时候，往往会产生间接伤害或损害自己的后果，也就是说，自私有时候并不能利己。与自私不同的是，利己性并不会具有对比性的利益抉择，它以绝对的准则作用于个体自身。也就是说，我们的一切行为都受着绝对利己性准则的指导。这样的说法自然会导致许多人的反驳。因为参照社会经验，可以推导出某些人的付出行为用来驳斥这种说法。我们并不打算让这个词可以被反面论证所推翻，所以，这里要系统地建立起它的基本准则。

在人类社会中，为了获得自己的需要或满足，执着地追求想要的东西是普遍的常态。我们需要食物，需要衣服，需要钱等等，这些要求随处可见，而人们总是在这些要求里展开自己的生活行动。但是一些表面看起来的特别现象却显示出与此相矛盾的状态，就是某些人所做的那些看起来并不利于自己，甚至以损害自己去照顾他人利益的行为，比如对亲戚家人的感情和由此带来的付出，以及舍己为人的精神，或者为人类贡献的崇高理想，这都与利己的词性相矛盾。在一些哲学家的理论中，这种精神被称为“利他性”。但我们并不这样认为，因为有些现象显示了这也只是利己性本质在另一方面的环境中所表现出来的形式。

这个论证极其重要，因此我们需要相当的篇幅来进行理解。我们通过下面的一些例子来进行分析，相信它们是具有说服力的。

舍己为人是人类社会文化中被推崇的最为高尚的精神之一，有许多人在这方面的实践被作为经典案例侃侃而谈，就在现代媒体中，我们就发现了这样的例子：某个偏远的地方有一条小河，河两边都有村庄，两边人们的交往交通就通过河上的一座小桥。由于年长日久，这个小桥破烂不堪，每次人们从上面经过的时候都提心吊胆。更为吓人的是，到了雨季，这条小河的水流湍急到令人恐怖的程度。我们得到这个资料的主要原因是这条河两边的村庄只有一个小学，而河这边的孩子们每次上学都必须要通过这座小桥到达河对岸的学校——无论刮风下雨，当然也包括危险的雨季时节。孩子们的危险处境令大人们恐慌，于是每次都要有人护送到对岸，尽管如此，在某个下雨的时候，有几个孩子还是因为这条小河被吞噬掉了生命。而河边的一位老人则爆出了更多的信息，他说，即使是下雨危险的时候，人们还是会通过这座危险的小桥到达对面，而他曾经亲眼看到一对夫妻从桥上掉进激流之中，这位老人当时不顾自己的生命危险跳进河里去救人，但是遗憾的是只救上来一位，另一个已被冲的不知去向。尽管从另一个角度来说，能救上来一位也是幸运的。从这里我不知道您看到了什么，但是从近似于感同身受的我来说，这是能够挑战利己性准则的重要依据，也可以作为别人所说的“利他性”的重要依据。或许在这个事情中我们还要加个说明，老人的救人举动不会是为了让他人看到而获得荣誉，因为在那时候以及很多时候，小河附近都没有其他人。也不是为了利益，他没有向任何人索取什么。就算对这两种要求有所考虑，那用生命代价作为交换，您愿意吗？因此，即使把它作为“利他性”的典型也是有说服力的。

父爱和母爱被认为是一种自然的崇高性情，尤其是母爱，它所表现出来的付出精神是一种“利他”行为的典型。我们不止一次的看到这样的案例，年轻的父母生下的是不健全的孩子，尤其有些孩子天生智障，这就让父母的抚育具有更多的艰辛，更重要的是，很多这样的父母看不到孩子的未来会有光明，可是他们还是坚持不懈的尽自己的可能去抚育孩子，并尽力为其提供一切可能改善的环境。若说这样也是利己性的表现，想必是难以让人信服的。

对于许多经受过苦难的人来说，渴望下一代的幸福是他们最为执着地追求，在可以付出的范围内，他们倾尽一切能力，无怨无悔的付出能够改善下一代生活环境的努力，很多人甚至愿意付出生命来作为交换，经历了时代变革的人们尤其能够深入地体会到这一点：在那些以人屠戮人为责任的战争环境里，许多人的目标仅仅是为了下一代过得更好。毫无疑问，这也对利己性的准则提出了挑战。

在上述的三个例子中，我们主动地提出了足以反对利己性准则的驳斥，但是这些看起来无私的精神在不同的环境下却会出现完全不同的行为准则，首先以第一个例子为例，那位老人会去救落水的人，但我们有充分的理由相信，他不会冒着生命危险去救一只猫或一条狗，只要是与他素无瓜葛的。由此我们说，这种舍己的精神还是会受到一定条件的限制，而不是绝对的自我要求。在第二个例子里，尤其是母爱显示出来的天性，要驳斥这种“利他性”可能不太容易，但是有许多活生生的案例还是不得不让我们提出质疑。

对于一个没有思想准备就怀孕的女孩来说，对于自己将要面临的结果是诚惶诚恐的，甚至会带着罪恶感而采用人工手段打掉孩子的例子比比皆是。在这个时候，她会存在母爱吗？我们可以确定的说：不存在。以此而言，天生的母性站不住脚。有人也会认为从孩子出世的那一刻起，母爱才会真正开始。这样说也同样站不住脚。同样会出现这样的反例：某个女孩对自己怀的孩子带有深深地罪恶感，她知道周围的人也会有这种看法，但是由于一些原因，她没有机会打掉这个孩子，到了最后关头，她背着所有人诚惶诚恐的生下了孩子，她接受不了别人会看到自己生下孩子的现实，于是她打算对所有人隐瞒。这一计划被她成功的实施了，但还需要最后的摆脱，结果就是抛弃孩子。她干得很好，神不知鬼不觉，自己也很满意。她又可以大方的面对所有人了。这时的她真的是如释重负，孩子再不会和她有任何的牵扯，她可以轻松地面对一切了。以常理来说，她仍然会具有内心的纠结，但是最终的决定让我们只能接受现实，对已经发生的事情给予否认，这不是支持理论的证据。因此在这里，我们说：完全利他的崇高母爱，我们看不到它在哪里。在上面的例子中我们说有一些父母对于天生残疾的孩子无怨无悔的付出，但是我们也看到更多的例子是父母们再不愿意对孩子的生活改善多一点点付出，甚至把他们当做累赘，更有甚者，直接把他们抛弃的事情也频繁发生，这些例子还会支持自然利他性的母爱或父爱吗？很明显，不能。

当然，我们在此只是为了驳斥那些对于“利他性”本质的认定，并不是反对父母对子女的感情，或者认为它们是虚伪的，而是要了解那些实实在在的付出根源在哪里。

无论多么崇高的理想，以及对于人类社会多么真挚的情感和爱的信念，只有在自我要求中可以获得社会肯定才会具有无限的付出精神和愿望，但我们也看到这样的人，他们也具有同样的对于人类社会的感情，并且具有同样改善人类生活环境的愿望，但是他们所提出的方式方法让社会和个人都不认同（比如一些极端的教条思维），因此，在任何情况下他的意见都会受到强烈的反对和指责，甚至引起人们的仇恨。这个人的理想最终还会坚持下去吗？我们可以肯定地说，绝对不会。结果只会有两种，一种是对众人意见的妥协，再也不会坚持原来的信念；另一种就是站在所有人的对立面，把所有人都当做敌人，而这也就违背了他原先改造或优化人类社会环境的真实信念。即使他这时仍然声称改善人类社会环境的信念不会抛弃，但是这种信念所立足的已经不是改造，而是对抗甚至仇恨，并必然地产生毁灭和破坏情绪。崇高的理想，所幻化出的可能仅仅是更大的毁灭情绪。这里，我们大量的用了“可能”这个不确定词性，但是在内心中，我们是确信着这样的事情无数次地发生，并且还会持续地发生——在每个时代的每个阶段里，只是规模的大小不同，产生的影响也不同而已。

在上述的几个利他行为和与之相对的非利他的行为对照中，作为主体的个人并没有改变，所不同的实际上只是环境的改变而已，因为当环境回到合适的位置，他们仍然会做出利他的行为。也就是说只要环境改变，个人利他的性质就会改变，若因此说利他行为只是环境为之提供的行为要求想必是不过分的。现在，我们要知道的是，个人与环境之间的相互对应关系是否存在一个确定的准则？

存在物（我们在此只是借用这个较为精确的哲学语言，但是这种泛指难以让人理解，我们会在后面改正过来或尽量避免，您可以认为就是直观所指的“生命”）的自我存在要求在任何情况下都可以作为一个基本准则来加以应用，当某个存在物失去了这个要求，并因此产生失去生命的后果的时候，我们说，这个存在物也就随之消失或瓦解，再去探讨这个要求是否绝对就没有意义了。因此这个准则不能被质疑。对于人来说，生存要求并不会仅仅限于食物、空气、水等等这些基本的需要，因为心理的作用，人还需要生存的目的和满足感。有人会说许多人不知道为什么而活。这是荒谬的说法，难道人不可以为了食物、为了多看、为了多听而活吗？这些理由当然都可以成立，倒是有一天，如果谁既不想听，也不想看，也不想吃饭，还能那样的活着倒是怪事。

在人的成长过程中，利到底扮演着什么样的角色实际上是极其需要被认识到的。我们可以很客观地说，利是对于一切生存所需条件的基本要求，在任何情况下，利都不但可以代表一切生活所需品，而且还是生存满足感和满足要求的基本条件，也因此，许多人自然而然的会产生为了利益而去冒生命危险的念头或举动，这实在不是偶然的，因为在那些人那里，正是这些利益保证了目前的生存状态。在现代社会里，由于组织化的完善和生产能力的杰出，人们很少再为了衣食而担忧，利就被定义为欲望中的索取要求。但实际上，它不可能这么狭隘，如果利只是代表外在的欲望索取的话，就不会有那么多人宁愿冒着生命危险也要去寻求索取。当然，通过简单的思考，并对照社会的现实经验，这谁都能认识到。

利己性和利他行为这两个看似矛盾的关系如何能够调和

到一起并把它们统一起来，这是个有难度的工作，但是通过一些看似特殊的例子，我们就可以借助它们来了解两者之间的内在关系。

这里，我们把求财当做对利益追求的代表行为。

一个吝啬的家伙，他对别人也对自己都节俭到了极限。但是对于追求财富他可一点都不含糊，几乎把身上的每个细胞都提到戒备状态，无论是付出劳动还是运用计谋，都不会错过任何一个赚钱的机会。对于一个这样的人，不难想象他是富有的。

在这样一个人的身上，我们无须怀疑其追求利益的绝对性。但他追求的利益归于何处了呢？他舍不得享用美食，舍不得锦衣华服，节俭的作风让他远离一切奢靡却享受的生活方式。即使到了临终的时候，我们也看不到他具有的财富给他带来了什么利益。相反，他为了追求财富会更加用心的做自己的工作，无论是劳作还是经营。对于社会来说，则实实在在地接受了他更多的付出。同时，也是有意思的一点，由于节俭，事实上他只消耗了极少的消费品，这对于社会来说，无疑是因为他的节约而减少了资源的消耗。在这里我们就要有些疑问了：他努力的追求财富不是利己行为吗？他的节俭也是为了积累更多财富，不也是利己行为吗？可到了最后，我们看到的为什么是完全相反的结果呢？他做了最大的付出，却得到了最少的回报，这不是完全不利于自己的行为吗？

除了上述的情况，我们还可以看到其它方面的例子：

年轻人的爱情是甜美的，那种心灵和感官的无比舒畅难以不令人向往。得到的爱情如此甜蜜，人们自然会做出这种对自己有利的追求。想必对于这种情况的出现您不会觉得意外：爱上了一个人却得不到对方的青睐，可又下不了放弃的决定。那落寞的心情实在不太好过。

有种情况可能总让人无法理解无法释怀还不得不无奈地

接受，那就是虽然得不到却无法放弃的爱情而给自己带来的痛苦。已经知道得不到了，可为什么还会愿意为对方多付出一点或远不只一点呢——尽管知道任何付出都不会得到真正的回报，但也仍然会心甘情愿的这么做。这种本要追求的幸福变成了给自己带来痛苦的根源，可也仍然会执着于这种得不到回报的追求或付出。在这个例子里我们又看到，本是追求有利于自己的幸福，得到的却是不利于自己的痛苦，可奇怪的是，也并不一定会改变付出的愿望。

以上两例让我们获得了这样的信息，对利益的追求即使得到了不利的结果也不见得一定会放弃继续的追求，有些时候，这种追求会抛弃原先的目标而持续，甚至不会减弱，也不会改变方向，而是会更直接，更深入。这种奇怪的行为本质的根源来自哪里？我们认为，这就是观念的作用。

无论经历过什么事件，印象充其量会在大脑中留下一些记忆的痕迹，然而对于现时行为和未来行为的要求，则要完全取决于观念中认证的是否应该？对与不对？在求财者的眼中，获取财富的行为本身是对是错？这是经过了观念认证的，观念中认为这样做是对的，那他在行为中就会这样做。如果在某个特殊时期，就像许多共产党国家在某些时候实行的禁止投机倒把，全国统一分配，统一吃大锅饭，那这个人的行为可能就要考虑一下了。我们有理由相信，他完全会放弃求财的行动，因为在观念中，这种行为对于自己的切身利益来说是有危害的，观念中就会保留“不能”的意见，这个意见毫无疑问能够主导自身。可如果他控制不了求财的欲望的话，由此给他带来的伤害必将在未来会成为他难以逾越的底线，他再也不敢去求财了——在新的环境到来之前。在这里我们说，观念的形成完全是环境的产物，人通过记忆印象或经验，还有逻辑性的思考，会形成各种观念来作为行动的准则，并以此指导行动。

在人的情感世界里，我们仍然可以发现相同的准则。

一个人深爱另一个人，即使对方不接受，也仍然会具有执着的情感付出的渴望。但是当他知道对方欺骗了自己，尤其在他曾经为之动心的地方，这样的情感还会守候下去吗？心理是一定会出现变化的。因此我们说，即使是感情的付出愿望，当环境发生改变的时候，人们也仍然会改变原先的情感渴望。原先自以为自然利他的情感要求在环境的改变面前完全不堪一击，之所以这样，就因为不符合利己的准则，而观念性的选择要求其必须抛弃。

这里，我们真正需要的结论是：什么原因使利己性的准则具有利他的行为表现。

观念对于对与错、是与非的分析绝对不会带有丝毫的随意性，它参照的是一个绝对的准则，就是以利己性为目标，进行行为的最优化和目标最大化的选择。而这一切选择的材料都来自提示，并且，还有一个确定的准则让我们服从，我们可以笼统的用这两句话表示：机体的提示产生需要，社会的提示产生欲望。并且，由心理作用产生的欲望同样可以转变成机体的需要（这一点简直毋庸置疑）。直接的导向都是利己性的自我需要或自我要求。当一些需要无法获得的时候，它们就会落实在心里的想象或表现在美感的作用中。

最优化选择来自于对现有可支配资源的比较，人们会在各种比较中获得最优的利己性要求。

在机体的提示下，一切自身的需要都处在一个合理分配的水平，食物的多少、温度的高低、休息的程度等等，任何的超出界限都会出现不适，无论是不足还是超多。这样的需要必然都具有一个最优化选择的量或程度。每一个具体行为上的最优化选择都会让机体具有精确的感知。每一次正确而合理地选择也都会产生机体及心理上的满足。

我们把一切不是来自自身机体功能的提示都称为社会的提示，这不会仅仅指人类社会环境，同时也包括了自然环境。用“外在提示”可能更恰当一些，但是社会性的应用似乎具有更好地针对性，我们的目标毕竟是组织化的人类社会。

欲望是目标最大化的一个直观的表现。有人说欲望是无止境的，这是绝对不客观的说法。事实上是：每个欲望的要求都有一个可满足点，这个可满足点就是原先为自己设定的最大化目标。在社会的众多提示中，人们总是趋向于选择一个最大的目标作为追求的方向。

在每年春节都能从大人那里得到压岁钱的孩子们聚在一起玩耍的时候都会不经意地问道对方得到多少压岁钱，由于家庭环境和家长观念的不同，孩子们的收获总会有所差异，收获较少的孩子们总会对得到最多的那个孩子的钱数的量有个渴望,更有甚者还有想拿到比其更多的愿望,但绝不会有哪个孩子会把要求定在大人拥有的全部财产上。这就是范围上的自我限制。如果没有这个限制，除了体现个人的疯狂外不会有任何意义。这种范围的限制也就是观念的限制。任何人的欲望都只能建立在可能实施的基础上。对于实际行为上的追求来说，自己的水平与理想状态的差异也并不需要一步越过，只要局势上可以把握，一个循序渐进的过程并不存在任何有损自身的方面，因此，欲望与现实追求之间并没有脱钩现象，而是一个具有相互作用的关联体。当人们通过实际努力后发现欲想中的状态不可能实现的时候就会自然而然的放弃，两者也仍然不会成为一个脱钩的非关联关系。欲望，永远是可遇又可求的，当不可求的时候也就不能称之为欲望了，仅仅是想象而已。

我们无数次经历这样的事情，看上了某样东西，皮包也好，衣服也罢，甚至是汽车、楼房、潜艇、飞机，总之，什么东西都可以，当你对它产生欲望的时候，一般情况下是具有可能获得的条件，尽管这种可能未必一定实现，但总不会在欲望中出现天马行空的东西。一个山村的儿童，连基本的饮食营养，甚至学费都满足不了，但他却想要得到一架飞机，我们说，这样的要求绝对不会产生欲望，充其量只是想象而已。而对于一个收入不菲的企业主来说，他也产生得到飞机的愿望的话，就要参照一下自己的能力了，如果是目前中国的一般企业主，他就只能是想象，并且不会为了这个目标而努力，因为这时候对他来说，不仅是飞机的价格昂贵，主要是飞机的使用费用太高，而且使用权限极其有限，另外通过对比，他会发现周围所有的人都不具有这个水平，而他的能力绝不会在众人之上。这样的欲望他还能产生吗？肯定不能。可是当有一天他发现一个和他有相似水平和能力的人买了飞机，并且有了使用权限，这时候的他会不会心动呢？无疑会。并且，在衡量了自己的能力之后会产生强烈的购买欲望。这种完全立足于现实经验的了解有谁想反驳吗？我希望他们不要。因此说，欲望怎么会无止境呢？在针对确定的目标下，它实在不是不可捕捉和不可限制的东西。或许，真正的问题不是欲求的东西是否可以得到，而是得到了之后又会怎样的问题。无论是谁都可以清楚地体会这一点：只要对于欲求的东西没有失去兴趣，那在得到了之后一定会有发自内心的满足感。很多人也会更为深切地体会到这一点：欲求的东西得到之后，就会逐渐失去对它的欲望。或许这时候仍然对于这个东西具有感情，但这个感情明显不是欲望，而是一种延续的满足感，当一个能引起新的欲望的东西产生之后，这个满足感基本上也就要消失了。

新的欲望的产生与原先欲望产生的性质没有任何本质区别，也仍然要按照社会提示，结合自身的能力和需要进行目标最大化的选择。

可是有些欲望却会不断地让人们激发新的欲望，却始终享受不到满足，甚至获得了欲求的结果还会带来失落。比如一些无限制追求金钱或权力的人们。前者在获得了原先要求的量的金钱的时候，只要对比于其他人，或者按照目前的能力做些对比，就认为自己做得不够或者认为理应把目标定得更高；后者在权力的追求上也完全如此，一个人得到了一份原先渴望的权力之后，再结合目前的能力，就认为自己原先可以把目标定得更高，或者和他人比较了之后仍然具有失落，而不是满足。对于这种情况，我们的定义仍然不会因此无法成立。像金钱和权力这种可以连续欲求的东西，它们并不是没有满足点，而是满足点被新激发的欲望覆盖了，即使那些所谓的“不足”，也不过是在对比的欲求中被提高了的新要求所替代，是新产生的不满，而不是原先没有满足产生。我们可以用这样一种截断的例子看到：当新的要求没有获得，并因此导致原先的所得失去，这时他们在一种失落中总结的时候，就会认识到原先获得的是多么值得珍惜，为什么那时还不满足？这里可以清楚地看到，满足点是存在过的，当时没有感知，但却可以在回味中品尝。

这里明显有个值得质疑的地方，就是某人喜欢上一个小包，一个发卡，或者其他之类的小东西，很明显，这与目标最大化没有什么关联，但同样可以对其发生欲望，这又作何解释呢？人的情结确实在某些时候会具有不可把握性，但是有几个人会在一切情况下都蛮横到不可理喻呢？除非是大脑不健康的人，可他们也仍然受到机体的利己性提示。试想让一个傻子去摸滚烫的开水，被烫了一次后他还会去摸第二下吗？如果他不会，就不要把他想的不可理喻。同理，无论是谁会具有什么样的情结，我们都不会认为他具有绝对的不可理喻性，因为他一定是有自己的理由或立场。

在那些较小的索取目标里，无论是什么东西，有谁不是通过对其他东西的对比中发现它们的可取性呢？无论多么的微不足道，只要具有欲望索取的情结，就一定是通过和其他同类的比较而做出的选择，这个选择如果不适合用利益最大化来评判，那我们就认为是行为在比较中的最优化选择。

人们对于自身的一切需要都是通过提示在比较中做出一个最优化的选择，包括吃饭的量和睡觉的时间，即使在表面上是自然的需要，实际上也是身体比较衡量的结果。因此，无论是机体的提示还是外在环境的提示，每一次可以获得满足的成功尝试都会产生一个确定评判准则的观念，可是如果没有一次成功的体会，这种观念就难以形成。通过某些逻辑的推理，人们也可以推理出一些意见并作为观念的准则，但是这样的推论只是建立在主观意见的基础上，而不是实际的证明，没有有力的证明，这样的意见说服不了任何人，就像那些哲学家们的各种千奇百怪但彼此都说服不了的宇宙模型理论，当哥白尼的星系学说产生之后，他们就没有了任何可信之处。尽管如此，许多的意见性观念也仍然会产生，因为人类没有能力对一切问题都拿出有力的证明，而那些意见性的评判就作为过程是一种必须。最终有效的导向就是证明，也只有证明。而不通过证明的一切意见也都是无力的，但这种无力只是相对于能够证明来说，如果做不到这一点，它也会产生一种力量，就是我们所说的执拗，它是一种对于自我意见的坚持，人为什么要坚持自我的意见？这一点再清楚不过，每一个人对于自己意见的坚持都是因为这个意见有利于自己或者可以导向利己的方向，就像那些学者，他们坚定地坚持自己的学说的目的不过就是为了建立自己的权威，以此获得他人的服从。

人们从经验（这本身就是反复验证的过程）中保留合理需要的判断，并以此形成观念。但是在某些时候，目前的状态仍然会对原先的观念提出挑战，比如一个人极端饥饿，在潜意识里就会相信自己可以吃下比经验中能够满足的多得多的食物。但是只要通过证明，他会发现自己是错误的。或许他可以比平时多吃一些，但绝不会达到他在饥饿状态下所欲求的水平。而观念的更新则在这一状态中完成。每一次这种观念的更新我们都可以发现，它总是以现实经验中的最优化选择作为指导的准则，在没有新的观念更新的情况下，目前的观念总是作为评判一切对与错、是与非的标准。但是这样的标准也并不总是准确的。很多人都有这样的经历，尽管清楚地知道自己的食量有限，但是一到饥饿的时候，也仍然会像以前一样在饥饿中产生错觉，又认为自己可以吃下更多的食物，尽管这种事情在频繁地发生着，人也很难抑制住自己的情绪。这里就是最优化选择和最大化目标的欲望要求之间的矛盾，当人的情绪被急迫的欲望所控制，往往会失去合理的分配需要，就像某个饥饿的人，他贪吃了绝对过多的食物，结果只会产生让身体不适的副作用，这一点在孩子身上非常容易发生，而对于一个成熟的大人来说，他则会适当地控制好这种欲望的使然，以力图达到或接近合理的实际需要分配，这种理性的选择往往会被证明是明智的。

因为最大化目标来自社会的无限可能性提示，甚至于超出可能行为性的选择而迈入想象的境地，如果不通过最优化行为选择加以验证，人们在有些欲望中的东西会不加遏止的膨胀，无论是长生不死还是上天堂，那不涉及可能性选择的欲求目标都可能是确定的欲望，对于这种根本无法实现的欲望除了带来一些疯狂而胡乱的行为之外，还能产生什么结果呢？虽然在前面我们说了，欲望永远是可欲而又可求的东西，但并不代表所有的欲望都可以求得到。

因为在没有新的观念更新的情况下，目前的观念总是作为评判一切对与错、是与非的标准，所以，在已知事物里，结合理性，许多观念都能够表现的明智，但是一旦涉及未知事物或者掺入未知因素，一些观念就会表现的盲目，如果这时候没有明智思维的引导，人是真的很容易产生执拗的心态，所以说，人类文化的积累就是对于这种执拗心态的纠正，让人们在更多的信息中理清自己真正而合理的需要。但是遗憾的是，许多在教育上被称为文化的东西只是传播和加深人们执拗的心态，使之不但不能变得更为明智，甚至变得对自身和他人具有更大的危害性，由此产生的扭曲的执拗观念也就不断的伴随着人类社会无数悲剧的发生。但是无论是执拗还是明智，个人能够接受的观念都毋庸置疑的只停留在可以显示目前能够利己的状态中，否则的话就是违背人性的，而那不可能发生。但是事实情况是利他的行为在社会上不断地发生着，这是矛盾吗？不是。

在基本利己性的作用下，我们可以清楚地看到观念对于是非对错的评判以及由之指导的行为准则，但是对于利他行为仍然不具有说服力。那些崇高的行为精神来自何处是我们现在要开始讨论的课题。

人们以利己原则作为建立正确观念的准则，有一种现象人们在无意中普遍的实行，却并没有注意到它产生的后果。就是当某种观念在一系列的行为验证中因确定利己而被认定是正确的时候，即使在某些不同的情况下得到相反的结果，也只会当做是不同的表现形式，而不会对这种观念的正确性有所怀疑，当这样的观念在经过了重大的考验后还能持续保留下来，就会升级到我们所说的信念。信念来自对于正确观念的认定，从而抛弃了原先得以评判对错的利己准则。观念可以因为对于利己程度的比较而轻易变更，但是信念却不容易变更，因为它本身就是对于正确方式的认定，改变掉对于正确方式的认定，难道要走向错误当中吗？这是违背基本利己性准则的行为，绝不会轻易发生。要想从这里找出一个特别情况特别对待的例子，以此来反驳它的绝对性也可以做得到，但是一定会加入到其他因素，否则就绝不可能。

当我们把信念引进来就确定的了解了那些利他行为的本质原因。

利己性本质促成了这样一种客观现象的存在，就是当我们获得他人肯定的时候会产生发自内心的愉悦，并因此感激那个肯定自己的人。这种现象我们没有把它当做天性或本质，因为它只是利己性准则的一个反映，主要原因是因为肯定自己的人是对自己的状态发自内心的赞赏，这种赞赏很可能会为自己带来物质性的收益，就算不会，也一定不会产生损害自己的行为后果，在人类共同生活的群居环境里，这是最大的安全保障。也因为这个原因，一个人如果能够受到更多的人肯定的话，也就具有了更大的社会价值，这是为他人带来益处的回报，因此也易于成为人们的追求。荣誉感就是这方面的典型体现。受到他人肯定带来的这一回报也就促成了人与人之间的交往得以具有正确方式的利己性行为准则，并以此建立正确观念，这种正确观念如此可靠，在此之上获得信念的人因此大有人在，就像那位救人的老人，他所遵循的是救人是正确的信念，从而脱离了利益比较的准则。当然，许多人会认为大部分人都较为自私，不顾别人，甚至具有为害他人的想法的人比乐于帮助人的人要多的多。这种经验之谈我们当然不会直接反对，但是有一点不要忘了，因受到帮助和协助而活下来的人比受到伤害和谋害而死的人要多得多。这个极其重要的问题我们要在后面详细去谈。

正是由于对于正确观念的信奉而产生的信念导致了利他性后果。这是论断，也是论题。论断是本书的，论题是社会的。

现在，无论是什么利他性行为我们都可以清晰的找到其本质和根源，包括母爱和父爱，那也完全不是自然天性。女性的受孕是自然生理功能的需要，孕期和生育本身不仅是对于生命延续的渴望，也因为生理机能的关系而获得安逸。对于母亲来说，初生的孩子是自己生命的一部分，因此这种关爱表现的尤其强烈。不止于此，在一般父母的眼里，孩子还具有财产性的归属性质，这一点在父亲身上表现的尤其明显，因此，无论母爱和父爱表现的多么强烈，其本身都不能作为利他性本质的见证，因为在许多情况下，比如某对夫妻已经生育了太多的孩子，就会把一些孩子当做负担；在重男轻女的社会传统中，父母甚至对女婴表现的厌恶。导致这一切的都仅仅是因为违背了他们的利己性原则。

关于信念的定义康德也做过，他认为有些事情虽然客观环境没有认证，但某个个体深信某事物为真实，这就是个人的信念。并以此与知识相区别。这个定义并不绝对，因为没有经过验证而产生的信任不具有依赖基础。对于某些信念和个人宗教信仰，我们是要做出区别的。我们说，在对于某些确定问题上的确定信念，人是不会改变的，除非环境因素改变。而涉及宗教性的信仰行为，我们并不认为那是信念，而只是个人行为的信仰观念，这一信仰的基础再清晰明白不过，就是利己性准则的产物，只要利己的环境因素改变，人的改变再容易不过。不过，有些人的献身精神是特殊的，就是一些人可以为了某些信仰放弃生命。我们说过人可以执拗，就是不管客观验证的东西而只在意自己的主观意愿，这在信奉宗教的人里可以经常产生出来。但是除此之外，还有一种献身的因素，就是某个团体被外在的更大势力压迫，而这个压迫的势力的行为是带有毁灭性的，或者说是违背了善的，那么，对于这个势力的反抗并以此保护被压迫的团体就是对于善的实质的追求，这时产生出来的献身者就不会是主观意愿的执拗行为，而是一种对于善的追求的信念，这时的义无反顾与心理的满足是统一的，也是个人最优化选择和欲望最大化目标的统一，在这些人身上没有悔恨，甚至没有仇恨，他们只有信念，只有追求，而目标是善的准则。

当一些人把他们当作工具来鼓吹自己的目的的时候，这时绝对不能提升鼓吹者的伟大，只能衬托出他们的无知和自私，这样的人的本质恰恰是与献身者的追求违背的，因为他们追求的是掠取的目的，而不是对于善的准则的实施。朋友，敌人，他们可以如此的颠倒实施。但这也无关紧要，因为只有善的准则才是衡量的天平，没有人可以逃脱。

在观念的认定上，个人的思想脉络清晰可见，但是有些成为了社会共识的观念对个人的影响却会改变个人的初衷，这是值得讨论的问题。

我们认为，由众多人信奉的观念会导致相应的文化现象。我们无法对文化做出精确的定义，因为它涉及的范围太广，但是通过经验，我们可以这样认识：人们会说：“这是我们的文化。”或者，“这是他们的文化。”这意思中就包括他们或我们赞同或接受这样的思想或支持这样的行为。这是特定公共群体对同一方式的认同或共识,并且在实际行为方面有具体表现。

我们说，没有一种文化现象是随机形成的，尽管有些可以表现的随机产生，但它总是通过社会的无数次验证才最终被接受。把它作为论断是武断的，但是把它作为论题却具有客观的意义（这个问题我们后面还可以谈）。

把想象和智能升级到了知识领域的人们对于知识的来源见解也提出了不同的观点，并在同一个平台上展开了较量式的讨论。洛克和休谟的经验论是对于传统的空谈式见解的有力挑战，但是他们仍然不能一次性摆脱那些根深蒂固的建立在主观意志中对于自我天生能力的肯定，对于这种完全建立在利己性准则上的主观唯心的自我肯定，他们的经验式反驳也确实少了一些有力的辩驳材料，以至于让那位号称大师的康德可以如此自信的以凌驾于众人之上的姿态来对众多观点进行审评。他那些拗口式的定义无论做得多么繁琐，都不会掩盖掉那如此简单的意思，就是人先天就具有拥有某些知识的能力，并借助这些知识来获取各自的目的。我们并不打算在此做一篇反对他的见解的论文，只就“先天知识”这个问题来表达我们的见解。

我们认为，人先天的除了本能什么都没有。饿了要吃，困了要睡，待久了要活动活动，活动累了要休息一下。仅此而已。而一切的知识都是成长经历的产物，包括被康德推崇的属于先天的时间和空间的概念。受过精致教育并不代表可以对没有受过教育的人进行概括。对于一个早夭的婴儿来说，我们不认为他有任何先天的对于时间与空间的概念。或许有人会认为把他们看做一无所知是主观的或没有说服力的，那反驳这种说法不同样是主观的和没有说服力的吗？最起码我们可以看到他们不会服从于时间的规律或对于空间有所要求。在前进道路上的一堵墙可以阻挡他们继续前进，但一个洞却会激发他们探索的欲望。除了本能，这还能算是什么？

现代人对于理性都具有了充分的认识，但是并没有多少人承认理性仅仅来自逻辑性的结果。逻辑具有什么样的性质不只被一两个人研究过，西方哲学更是把逻辑学置于哲学的顶端，但实际上，逻辑具有的简单性质完全不需要被推崇到高度或深度的位置和水平。

人类具有一种自然的天性，就是总想获得一切事物存在原因的解答，这种要求满足不了，就会具有一个结，并把它聚在心头，有人会因为时间的流逝而渐渐遗忘，有的人却愿意去做深入的探讨和思考，当然，也有人是保留这个结的印象，在某个外在环境的提示下再次作为了解的课题。但无论是什么问题，人们能够得到解答的方式都只有两种。一种是证明，既让原先所看到的现象再次发生，并了解到可以发生这种现象的条件；另一种是借助相似事件作为参照，做因果关系的同步推理。毫无疑问，无论在什么情况下，第一种方式都会比第二种方式更能令人信服，但是遗憾的是，并不是所有问题都可以得到对于事件进行复制的证明，因此第二种方法就具有广泛的可利用性。而逻辑推理正是这第二种方法的手段，它的本质就是借助事物的相似原理作为因果关系的参照。在原因的问题上，处于著名哲学家行列的亚里士多德分理出四种原因的类型，我们不用提是哪四种，因为当我们问问题的时候不会先去分类再问，而是对于所要的答案具有目的性。对于所有的回答，满意与否都不会仅仅取决于是否正确。当然，这个说法在目前来说会受到批驳，因为大部分人认为问问题就是理所应当的为了获得正确的答案——尽管他们完全不了解正确的准则是什么。下面这个近似于笑话的事件或许可以成为我们这种说法的例子：

某个孩子问他的父母：我是从哪来的呢？

对于这个问题，想必大家都不陌生。这个孩子的家长是开明的，他们认为或许应该用科学的方式来为孩子作出科学的解释。于是给孩子解释男女生理上的结合产生婴儿的原理。这样一通解释下来，自然要费不少工夫。到了最后，孩子仍然没有弄明白，因为这与他的问题似乎不符，因为他对自己的父母说：我的同学说他是从乡下姥姥家来的。

或许您会认为上述父母误会的解释也没有错，但是孩子要的不是那些东西，而是他原先就具有的针对性的答案，失去了这个针对性，对于所要获得的答案不是是否正确的问题，而是没有意义的问题。今天的人们去探求宇宙之外的存在状态，会产生可以接受的答案吗？不能。不是对与错的问题，而是是否具有可针对意义的问题。一切的逻辑都是建立在这一基础上：它具有明确的针对性，并且以事物的相似原理为参照，在此基础上做出因果式的解答，并最终产生“正确”的“答案”。给它们加上引号的原因是明显的，就是它们都只是具有针对性的相应结论，而正确与答案的要求并不在那里占有主体意义。这里说的当然是逻辑。最终逻辑的推理是否与经验或验证的结论相符，这就不是逻辑的问题了，而是进入到第一种类型，也就是证明的问题，这个证明最终会具有结论性的答案，这个答案可以被称为真实或事实，但它绝不是逻辑证明的结果，逻辑本身不能证明什么，它只能参照其他相似原理做出众多的可能意见的判断，由于经验的原因（这本身就是证明式的结果），众多的判断都是可成立的，但是在一些没有经验参照的领域，这样的逻辑推理能够与事实相符就很难，但是这里难与不难也没有什么意义，因为不经过实践证明，一切的解答都只是意见，对于要求目的性的人来说，重要的不是这些意见是否正确，而是看他们是否符合自己的目的性要求。

打破沙锅问到底的孩子式提问是人类对于逻辑的基本学习和运用的手段，也是通向智能的途径。很多大人对于孩子的接连提问不知所措，可是他们却看不到孩子在提问中所表现出的对于因果律的探索所具有的非凡的审查能力，大人在每个回复的答案里如果不能以在其他方面具有说服力的因果证明关系来加以印证，孩子就会立刻产生在某个缺陷上的质疑，而这些质疑恰恰就是对于目前因果关系不能成立的原因的探索，并在这种探索中确认某个因果律的不成立条件，直到它们成立了，才会在这个阶段性的问题上获得心理的满足。那些被懒惰和糊涂侵吞了探索欲望的大人，他们自以为是的认为孩子难缠和不可理喻的心态事实上只证明了他们自己本能的退化，更有甚者还会认为自己所做的理所应当的正确答案孩子理解不了。这种愚蠢的认识以及由之产生的教育是大人文化的悲哀，他们把自己不能探索完整的残缺知识当作别人不能理解或智能不足的见证，下面这个例子可以很好地说明这一点：

一个小朋友去参观国家的卫星发射中心，发射卫星的总设计师告诉这个小朋友：火箭携带卫星穿过了地球的大气层就进入了太空，那里是真空，没有空气，也没有其他东西。小朋友对于科学具有不少常识，她向这位科学家提出了自己的疑问：既然太空里没有任何东西，那火箭是依靠什么向前推进的呢？这个问题想必您可以听得明白，就是鱼儿游泳需要借助水的推力，鸟儿的飞翔需要借助空气的推力，既然太空中什么都没有，那火箭是借助什么的推力呢？这个问题如此简单的印证着人们——甚至是儿童——的常识，但是这位工程师给出的是这样的答案：火箭是依靠自己的推力改变方向或前进的。您认为这个答案可以接受吗？可能您要像孩子一样，没有得到任何可以接受的答案，只能带着疑团模糊着自己。我们希望这个孩子可以继续提问，直到弄明白为止，但是科学家的权威让她不敢或不便再有疑问，毕竟，对方已经给出了肯定的答复。这不是个个例，这是社会教育的典型现象，如果从小开始接受教育的环境都受着各种并不成立的因果关系的解答，这样教育出来的文化总会具有主观的偏见，并且这种偏见易于传承，因为成年人永远是个惰性体，而孩子追求可靠因果答案的天性在未成年之前就被扼杀。

如果意见中的文化现象是多元的，那我就认为是各种偏见并存的现象。当然，有人会在这个观点中提出哪种是正确的问题。如果没有验证的方式，您可以找到正确答案吗？我认为不能。虽然如此，但是通过某些现象的发生，我们仍然可以在相应环境下总结出一些规律。生活在平原地区以农业为主的人们具有祖祖辈辈千篇一律的以相同方式生活的特性，除了眼前的事物，他们极少再会接受还有更多未知的因果规律，为了解释眼前现象，他们为孩提时提出的各种问题找出在已知因果关系中可以接受的答案，如果是未知的，他们就借助神灵，那是逃避无知的港湾，也是大人要求在孩子面前建立权威的利己要求，因此，这种环境中的文化总是倾向于保持现行秩序，使现有秩序“合理”化，具有优势地位的人要通过这种文化保持自己的优势地位，具有劣势地位的人要服从“命运”的安排。在早期文化现象中，中国中原地区和埃及地区以及印度普遍并长久的接受了这种文化。而靠近海边或山区中的人则难以接受千篇一律的自然秩序，因为他们周围面对着无数解不开的谜团，含混的解释可以在暂时迷惑人的心智，但是一接受未知事物，渴望探索的心智立刻就会被激发出来。孟德斯鸠认为靠近大海或居住在山中的居民追求自由，那不是原因，只是结果，并且是教育的结果。除了主观的文化教育，还有大自然的环境教育，这些教育要求人要服从自然的天性，在欲求中不断地探索未知事物，并以此获得追求自由的性格。这样分析还有一个客观现象，就是即使生活在平原地区，如果不是立足于千篇一律的务农生活方式，而是在其他事物中保留探索的欲望，他们仍然会产生像生活在海边或山区的人一样追求自由的性格，明显的例子就是产生商人的地方，比如中国在几百年前兴起的徽商，他们原先也是立足于务农的生活，但是后来，许多人从事了商业活动，这时候，他们再不是愿意接受奴役的人了，而是拥有彻彻底底的追求自由活动的天性的人。所以我们说，无论是什么地理环境因素产生的差异都是现象的差异，本质都只是教育环境的结果，也就是说，只要教育环境改变，由相应的环境产生出来的性格也就可以完全改变，比如原先那些追求自由的人可以因为宗教的原因而接受奴役与被奴役的文化。

因果律是一切经过验证而成立的因果关系，脱离了验证，任何的逻辑推理都只是意见。任何一个因果律都可以在特定环境中有效的解决面临的难题，这是毋庸置疑的可以有效使用的工具，没有谁不渴望在需要的时候拥有它们。便如世上没有万能的钥匙一样，也没有任何因果关系可以脱离客观环境的差异而绝对有效。相对性原理本来是由牛顿提出来的（爱因斯坦的相对性原理立足于解释时间与空间的相对关系），从物理学上，他对于事物的相对作用给予了令人赞叹的客观理解，也就是什么事物都在相对作用中产生相对的后果，因果律的应用也必须要服从这样的要求，既产生了一个因果关系后，由此得出的因果律也必须在相同的环境中应用才有效，当客观的环境改变，必须要有新的验证关系来理解现时事物，否则就会走入经验性的错觉当中，而这就是科学和哲学的差异，科学要求验证，而哲学总是立足于对普遍规律的概括，前者产生社会的进步，后者总是产生社会文化的争执和矛盾。

因果律和意见构成了社会文化教育的主体，我们推崇前者，但绝不敢否认后者，因为在这个世界上，无法验证的关系要比可以验证的关系多得多，也就是说，在涉及未知事物上，没有任何可以使用的因果律的时候，人们必须接受各种意见的可能，并在这些可能中寻找验证的途径，无论这些工作做得多么杰出，他们都不过是服从于人类渴望探索的自然天性。到底人类能走多远，这似乎不是现有的因果关系可以解决的问题。

尽可能的获得更多的理解事物的因果关系，这是人类的基本追求，如果不是懒惰状态的阻碍，人类可以理解的程度是令人惊叹的，而这被称为知识。但是不可否认，许多同样被称作知识的东西事实上只是个别人或某些人的意见，因此我们仍然不能把知识等同于因果律。在不是因果关系的那些知识中，想绝对的说服那些拥有自由思想的人是不容易的，可是通过力量的作用，却可以让许多人必须的接受那些根本谈不上可以被有效使用的意见。这里，发布这些意见的人往往不是因为相信它们，而是别人接受了这些意见后可以给这些发布者带来益处，无疑，这仅仅是他们的利己性手段。而对于接受这些意见的人来说，是否能够有利于他们不是首要的，主要是如果他们不接受的话，就会直接的面对有害于自己的情况。为了躲避灾难，即使接受了那些并不利于自己的意见也是站在利己的角度不得不做的选择。“孩子一定要听大人的话”，这是大人的利己性意见要求，而不是孩子的要求。“有没有上帝存在？”那些代言上帝话语权的人的肯定是为了让他人服从自己的意志的利己性行为，是否接受则要看事实情况对自己是否有利，如果接受了它就意味着放弃自己的财产、放弃清闲的生活，并因此导致亲戚朋友的埋怨，即使傻子也不会相信，除非天堂的诱惑让其动心，那是欲望中的利己性要求，因为这个原因动心才是真正的利己性要求的结果。

应用中的逻辑就是把其它环境中的因果关系带到另一个特定的环境中去做因果关系的同步推理。这要求具有连续性，这样才能达到自己的目的性要求。如果不是连续推理，而是直接引用，那就不是逻辑关系了，而是直观的证明。在其它方面引用的因果关系是否可以在这个特定的环境中成立事实上要通过新的验证关系才能证明，如果涉及的都是已知因素，要证明这一点是容易的，如果涉及的就是未知因素，那得出的毋庸置疑的只是意见，如果这个意见仅仅是学术性的探讨，那它就仅仅是意见，可如果它具有了可利用价值，一些人可以因为这个结论而获利，那无疑，这时重要的不再是对或错，而是赤裸裸的利益抉择。

数学逻辑是否具有一种特殊性？

这是个具有挑战性的问题，因为所有人都知道，数学具有纯粹的逻辑推理的性质。但是大家也必须得承认，没有一个数学公式或原理可以不经过证明而成立，无论是经验性的证明还是被确定了因果关系的反面论证。没有这两个条件，可以应用的数学公式就不存在。所以，我们说，数学是逻辑与证明的统一，因为不具有外在意见性因素的干扰，这种统一关系因此可以作为精确的工具而被人们普遍使用。同理，如果还有哪个领域可以完成逻辑与证明的统一的话，它也可以作为可靠的工具而被使用。下面有反和正两方面的例子可以供我们探讨，一个是著名的芝诺悖论，还有一个就是工具的应用原理。

芝诺悖论是逻辑推理与现实不符的典型描述，尽管近代的一些哲学家或数学家加入了新的元素来解答它的问题，但是在逻辑与事实的统一关系上，它们并不能满足这一基本的要求。（我们经常引用一些其它方面的典故和问题来进行表达，可是没有把它们全部录在这里，不只是因为它们占了很大的篇幅，同时也因为它们会减少可阅读性，但是并不是每位读者都了解过那些东西，怎么办呢？没有其它的好办法，只能先请那些具有相同探讨范围的人进行讨论，直观的问题只有放在通俗的部分去理解了。）

说到这里，我们不想再去进行更多的分析，只要一个意见的表达就够了，就是：芝诺悖论是逻辑性的错误吗？毫无疑问不是，因为许多的数学公式也并不见得比它具有更大的可取性。我们只能说，这是逻辑与现实的无法统一。而人们最终会接受什么样的结论或结果显而易见，只能服从证明的部分。离开证明和目的性，逻辑无法产生绝对的正确性。

像尺子、秤这样的简单工具我们随处可见，从小到大不一而足，只要统一了确定的比例关系，谁会怀疑在原先基础上的延伸可以具有同样的精确性呢？这不是逻辑性与实证的统一的杰作吗？

逻辑的步骤在许多理论中都会被作为需要研究的重要课题，事实上，它就是把众多因果关系准则作为工具来获得最终的目的性，逻辑推论与事实是否相符取决于两个方面，一个是所应用的因果关系准则所面对的环境是否与原先建立准则的环境的客观因素相同，这也是对于工具有效性的重要检验，包括不能用尺子去衡量重量的错误使用；另一个是推论的连续性是否符合工具性的准则。工具性的准则也就是连续的可靠应用的能力，就像上述的尺子或秤的功能。在已知事物的领域，许多的逻辑推理都可以达到符合事实的结果，可是在逻辑推理中涉及未知事物或遗漏已知因素，就极其容易出现与事实不符的错误，就像我们开始引用的休谟的《人性论》，他所犯的错误是制订了一个并不成立的因果关系准则。

这里，逻辑与观念之间所具有的关联就可以被表现出来了：在通过可靠应用工具的基础上，人们通过逻辑的方式来获得观念上的自我更新。掌握逻辑推理的能力是获得观念评价能力的重要基础，而由正确的观念所指导的行动在利益最大化和行为最优化里都具有更大的实行空间。它的价值就在于目的性的利己性要求。这种行为被引进到学术研究中无可厚非，因为是为了更好地发展人类自身，但是把它作为学术的专利来显示学术的优越并以此显示常人的无知则过于荒谬。为了进化自身而具有主动要求的逻辑推理能力是人类发展的内在动力，这一自然的能力在孩子时期就清楚明白地表现出来，不过因为所处环境和选择提示的角度不同，每个人具有不同的发展状态。而在逻辑推理的能力上，并不存在谁优谁劣的分别，唯一的区别就在于看谁能获得更多的可靠应用的工具。最终谁对谁错也不会仅仅表现在与事实是否相符，还要看谁能够满足目的性的要求。这显示了现实与理想的矛盾，但这里不适合谈，后面我们会有更为充分的解释。不过在这里我们要提一下大卫·休谟，他的自我矛盾实在没必要，也不应该。

或许我们在这里应该谈谈理性。人们把理性看做是防范和避免走向谬误和错误的能力，但是许多人却并不知道，是否会产生谬误和产生错误并不取决于理性本身的能力或是否具有足够的理性，而是逻辑性的推论是否与目的性相符。我们前面已经说过，目的性总是取决于目标最大化或行为最优化的利己性选择。一些具体的案例可以作为这方面的说明。

今天，法制精神是人类文明的一面旗帜，国家则是实施这种精神的一个平台，从美国的《独立宣言》诞生之日起，这个国家的人民就在“人人生而平等”的旗帜号召下开拓自己的法制体系，原先被那些具有充分理性的优秀哲学家坚定信奉着的统治与被统治的国家理论此时也受到了质疑，新的理论模型几乎把那种古老的强制性传统完全推翻。新的世界看似一片光明。优秀的社会教育环境促成了大量具有这些理性和人道原则的人。但是，没有人能抹掉这些具有文明的人道主义信念的人们大量屠杀本地居民，并从非洲和亚洲掠获奴隶，然后把它们置于非人待遇下的事实，当他们自以为是的认为人道主义不适合这些人群的时候，实际上就完全推翻了贯彻他们思想观念的信仰，“’人人生而平等’并不是指所有人”，多么可笑的观念。“南北战争”因种族原因而引发，一场大的集体暴力行动似乎想把人们带到真正文明的信仰当中，但是遗憾的是，由于工业发展带来的劳工事件再次使人与人之间的平等权利没有一丝可能，立足于暴力行动的革命在资本世界的每个角落蓄势待发。无论是曾经的历史案例还是今天社会所面对的现实，都没有人能否认那些因环境优势而受到文明教育的人具有高度的理性，他们懂得一切文明社会的准则，他们知道“人人生而平等”是高尚的人道主义思想，但他们同时是罪恶的杀人犯，是把人当做牲畜般的奴隶并残害奴隶的奴隶主，是贪婪、残忍、刻薄、残酷对待雇佣工人的企业家，理性在他们那里到底扮演着什么角色？是避免错误和谬误的能力，还是掌握着正确行为的准则？如果这两方面都受到了肯定，那些受到伤害的人们就是正确的享有悲哀了，您同意吗？

我们这里当然不是在抨击一个国家或民族的人性或历史，而是想说在所谓人类高速发展的进程中，真正的核心并不是力量以及繁华的荣誉，而是根植于自然对于人类内在要求的善的准则的追求，许多服务手段促成了这一切，但不能把获得的成就当作践踏善的实质的借口，只有对于善的实质具有更大的追求，人类的繁荣和力量的增聚才会无限连续。

在上面，我们的观点是并不存在绝对正确的理性，它只是利己性行为准则的产物，因为借助逻辑手段，它显示出一种明智性，但这种明智只是手段，而不是生活着的人们都必须要接受的准则，尽管大部分的人们都很需要。同时，也更加不能因为掌握它而拥有凌驾于众人之上的借口，在这一点上，拥有道德和良知思想的人都能意识到。

我们在此就打算结束这篇“观念论”，如果把它对应于休谟《人性论》中的观念定义，两者就完全不同，休谟把观念当作感知外界的途径，当作印象的一个投影，而这里则把观念当作对于事物是非对错的主观评判，印象则只扮演了一个材料的角色。但是对于追求人类高尚精神情怀的人们来说，这篇“观念论”是狭隘的，它只是片面的显示了人的主观意志，对于超越私欲的精神追求和探索高尚行为准则的人们来说，它不能具有参照性。虽然这里也提到了信念，但是人们并不一定会在私欲和信念之间做出绝对两极的选择，因此它仍然不能作为可供参考的有效准则。

第三章 组织之善与组织之善的缺失

第一节 人类组织的形态和性质

我们在“善论”里提到，人和人之间的互助主要通过相互交易的形式产生，产生了多方综合交易的环境离不开组织环境的协调平台，因为没有组织环境的协调平台就没有公平合理的交易准则，没有公平合理的交易也就没有互助合作的组织之善。通过互相协助的组织之善不但是建立在一个公共平台的公平交易上，也是建立在个体之间相互协作的有效产出上，这个有效产出必然超过个人的独立产出，否则，其组织结构就不会存在（当人们自己都具有很大的创造力，一合成某个团体后就降低或没有了创造力，人们就会自然解散这个组织），由此我们也可以说，组织之善凌驾于个人之上，因为更高的产出所带来的服务是促成生命延续的重要前提。

考古学家、历史学家、哲学家等人对于人类组织最初的形成或起源都有兴趣提出自己的见解，如果不带有偏激或者不是为了某种特定的目的而编纂一些扭曲的解释，基本上，他们的说法都具有很大的说服力和可信度。我们完全可以看到，并不是他们对于追究人类早期活动有多么非凡的能力，而是人类的早期活动与某些动物或者与主流社会不同步发展的略显原始的人类社会组织具有异常的相像之处，再通过某些历史文字的记述，这简直就是双重印证。

近代科学的发展打破了原先被人们根深蒂固的认为人类与万能存在物“神”的连接关系，并全面开始了对人类早期存在形式的考查和解答，形成了一套完整的人类是由猿类进化到人类然后又发展了人类社会和人类文明的系统进化历程。对于这套由众多的权威发布的人类发展史，除了对它由衷的服从，我们实在说不出其他的话出来。

比起那些宗教玄思和辨证体系，科学总会具有异常的明朗性，能够用最简单、最直接的检验来证明它所知道的事情，因此，它总具有最大的说服力。尽管在有些时候它会因为方法不适当而出现一些错误，作为一种精神的体现，更好地改进措施是它孜孜不倦的追求，并因此具有无限延伸的生命力。许多人担心,科学主义会把人带入纯物质化,因此对于人的精神需求加以忽略甚至蔑视。确实，科学主义会具有这种倾向，并因此产生一些人对它发生恐慌并排斥的效果。但我们具有一种理解，科学主义并不等同于科学，甚至它们是完全不相干的两回事。科学追求客观性，这同样包含了人的精神追求。而科学主义仅仅是用固定但拙劣的方式来确定一些并不客观的“事实”，当这些“事实”不允许被推翻的时候，科学精神也就失去，并因此转变成科学主义。这是质变，而不是什么发展或进步。

我们加入上述观点，不仅仅是对于他人一些作品的态度，同样也是对于自己所发表意见的理解。

比起其它物种，人类的社会组织具有明显的优越性。这不仅仅表现在目前人类在所处环境中的地位，更加表现在人类对于所处环境的改造能力。这种水平是其它依靠自然功能存在的物种绝不可能达到的，而这种非凡的能力所依靠的核心就是借助组织化合作的力量。尽管技术和知识的积累更为重要，但是在性质上，后者无疑是前者的产物。

生理学家认为解放双手是人类得以发展智能的前提之一。对于这种具有可靠验证的说法，我们自然无法反驳。但是作为证据的表现之一，不接受群体文化而独立生活的个人与身处社会并受到高等教育的人相比，在智力上则具有明显的差异，这也让我们有理由相信，同样解放出双手的人类在不同环境下的发展并不一致，这些后续的差异毋庸置疑的取决于社会环境的因素。把一个在劣势环境中成长的人送到优势环境中接受教育，他仍然会产生智力上的提升（这里当然不能把先天性的差异作为反驳的依据，比如用智障者和正常人相比）。我们认为，精细的分工是组织化严密程度的表现，而组织化的精密程度几乎必然地决定了人的发展状态，一些历史事例可以清楚地表现这一点，就是那些提高或改变人类社会进程的发明家总是身处组织化程度高度发达的地方。今天的考古学者甚至可以把这种确定的因果律进行反向应用，就是以出土的工艺品的制造水平来推断当时社会的发展程度。

许多人早就发现，人类的社会组织形式与许多动物群体的组织形式极其相似，尤其是猿类，若说组织行为本身就是一种善的体现，这种善在动物身上毫无疑问也是显示出来的。只是与人相比，它们发展的程度不同，或许也可以说因为程度不同带来了本质性的差异。

在一些人的想象中或一些哲理的阐述中，许多人认为家庭是社会化得以展开的基础,似乎没有符合自然天性的家庭联接，更深入的组织形式就难以形成,人类的社会化也就难以展开。人类早期的思想家们尤其倾向于这种看法，这在古代的贵族化或神族化思想以及孔子的家庭伦理观上都可以清楚地显示出来。但是通过对于众多动物生活习俗的考察，这种见解并不能作为可靠的依据成立。原因在于对这些自然存在状态的反思：大部分动物都是以家庭为连接单位的，但它们并不能连接成一个社会（比如狮群）；也有许多动物是通过家族化的聚集进行集体的防御和猎食的，它们也没有更高效的组织化产出（如狼群、猿猴类）；一些野生动物在完成了抚育任务之后就会主动脱离原先的责任关系——事实上也包括一些人。因此，那种把家庭看作是组织社会不可动摇的得以形成的基础的看法并不具有绝对性，在此建立的伦理准则也不过是众多治理手段中的一种罢了。借助已经形成的社会治理经验，柏拉图（或者更确切地说是苏格拉底）也对这种看似符合自然要求的组织基础进行了抗拒，并以一整套的城邦建制理论来要求全面替代它。尽管没有现实行为让我们对两者的不同进行比较，但是在意识形态上，家庭伦理观的权威性确实是可以受到质疑的。事实上，这些意识形态（包括家庭伦理观）与我们现在所要表达的东西完全无关，把它们提出来，其实只是一种消遣。

除了那令人信服的解放双手进行独立的劳动和使用工具，进而打造工具来完成智能化活动的理论外，人类的组织结构所展示出来的能力同样需要让人关注。通过知识的积累，个人确实可以表现出非凡的创造天赋，但是与一个具有精密配合的组织协作相比，什么样的天才都会显得微不足道，张衡可以造出浑天仪，阿基米德可以造出精巧的机械装置，但绝没有人可以独立的制造出火箭、航天飞机、生化或核反应堆，就是提炼燃料、制造芯片、合成材料等等这些基础的工作都难以独立完成。远超个人能力的组织合作力量还需要被怀疑吗？当然不能。这里当然说的是智力累积的水平与分工合作的关系，而不是鼓吹人多力量大的幼稚理论。这些由组织产生的能力与善有什么关联呢？理解这个问题想必不用费很大的理解力。我们要知道，一个人生活，每天除了不断地为食物操心，还要提心吊胆的防止其它东西的危害。十个人组成一个联合的合作关系，对于食物的获取效率会大一些，但是对于必要的营养仍然没有很大的保障，而对于防止外在危害的能力无疑会增强许多。对于一千个生活在一起的人来说，这些问题都不会是问题，除了极其晦气的发生灾难外，大部分时候人们的生活都是可以得到保障的，除此之外，他们还可以建一些防御工事来防止外部的袭击。这基本的差异已经显而易见。所以，当一个社会可以发展出高度的技术文明的时候，这意味着什么呢？意味着许多的人都已经处在一个较为有保障的社会环境中，这不是善是什么？

一提到人类的社会组织，就不可避免地要提到战争，与其说是群体性暴力事件，倒不如说是集体携掠与防御事件，一切的历史证据都表明，所有战争事件实际上都导源于此。当然，有些人会为所发动的战争找些堂而皇之的借口，但是没有任何一场战争的发动者不是以携掠的目的为核心，否则，这种战争就不是战争，充其量只是暴力事件而已，这样的事件不会延续，也不会扩大。即使是看似单纯的仇恨原因，如果不具有携掠的本质，也不会有多少人深陷其中而不知自拔。这种群体性的事件不只在人类社会中发生，在许多种类的动物中也会经常发生，就像那些争地盘、划地界的举动之后，每一次的外界侵入都会伴随着自卫与侵犯的斗争。若不是为了利益，无意义的争斗在动物界中也难以看到。或许某个强者为了显示自己的权威，会向弱者显示性的展示自己的力量，如果这个弱者在明知不敌的情况下进行逃避，事情也就随之了之，而不会延续持续性的暴力事件。据说发动了两伊战争的萨达姆侵犯伊朗的理由是为自己的士兵找些事做，这确实是无聊至极的消遣方式，但是事实也正像人们看到的，进行这场战争的士兵战斗积极性极端的低，若不是组织形式的约束，他们早就抗拒了这种行为要求。相反，当他们撤出了伊朗，同时面对伊朗的反侵入的时候，性质就完全不同，这些原本士气低落的士兵发生了令人惊叹的振奋，谁都知道，他们有了保卫国家的使命。这两个因此结下了仇恨的国家如果没有关乎利益的关系，持续地争斗实在没有必要发生，除非有人想展示自己的愚蠢，这样的行为除了带来自身的灾难之外，也实在没有其它意义可言。

除了战争之外，对内或对外的压迫也是一个重要的问题，但正像其它方面所反映出来的，压迫也是一种力量的较量。如果这个社会的资源不是无限的，甚至处在一个极其有限的水平，与之相伴的竞争就不可避免。动物界可以为了争取资源而吞并蚕食，人类社会中彼此之间进行竞争和较量也不足为奇。但是超越基本自然规律的人类社会无疑具有更为高明的理解，就是获得资源的最好方式不再是竞争和掠夺，而是生产和创造。这种认识和与之匹配的行为手段已经获得了道德上的升华，并因此建立起法律的精神体系，与之相匹配的科学、技术、经济理论、人文思想、道德理想、社会秩序等等都成为了社会文化的体现，这里有哪点不是对于善的要求的升华呢？

在一切争取生存的物种中，只要发生掠食与被掠食的关系，同为争取生存结果的竞争就只取决于力量的较量，力量的绝对优势往往决定绝对优先的生存权。大家应该都能理解，这里的力量绝不仅仅指力气，它是一种综合性的攻击或防御的能力。事实上还不仅于此，有时候意志、意志力也会作为力量的绝对因素来决定力量的大小或水平。由于社会现象的关系，一般人对于更大力量的认定会以攻击者的地位作为衡量优越性的结论，事实上并非完全如此。在动物食物链中，狮子很强大，因此很有力量，但这个力量只是建立在有效攻击并因此获得自身的生存保障的基础上，与之相比，如果有哪种动物它攻击不到，这两者就绝不存在强大与弱小的比较关系。在非洲草原上，羚羊是狮子的猎物之一，在羚羊面前，狮子很强大，可如果狮子从未成功捕猎过羚羊，那么，狮子在羚羊面前强大的意义就不存在。在自然生存原理上，如果狮子因此无法获得生存资源而灭亡，那狮子就不具有力量。对于羚羊来说，如果没有任何猎食者可以捕捉到它，即使它是植食动物，由于获得了生存的结果，我们认为，它也是有力量的。谁能说大象没有力量呢？这又涉及到对于我们人类现实社会的比较，人们总对于能够带给自身威胁和看似不可战胜的东西心生恐惧，而对于自己能够战胜的东西不屑一顾，在力量的认定上也是以此为衡量的界限和标准。这里就反对这种看法。我们认为，力量的作用在于能够最终有效地保护自己，使之不受强力的毁灭和侵犯，而不在于是否有能力侵害他人。在自然生存原理上，许多动物¬（包括人），要想延续自己的生存就必须牺牲掉其它动物或植物，因为需要为达到生存目的而从中摄取养分。这种建立在自我延续基础上的需要不能作为衡量力量大小的标准，因为所有的动物都有需要摄取的其它元素，这并不意味着被摄取者弱小。与动物相比，难道因此就可以认定植物没有力量吗？当然不能。谁都知道，植物那顽强的生命力就是力量的见证，原因就在于它们有效的延续了自己。在人类社会同样如此，一伙看似彪悍的强盗，他们让人心生恐惧，如果依靠个人的话，没有任何一个人可以战胜他们。但是通过组织化的防御，人们有效的击溃了他们，那这些普通人们就是有力量的。如果这个组织化结构不能形成，任由其烧杀抢掠，每个人都无疑的显示出极端的弱小。反过来看那些强盗，如果他们不能抢到所需要的资源，因此导致饥饿并死亡，那就没有任何人在这时候认为他们很强大，尽管他们具有让人望而生畏的跋扈。力量在哪里？就在于有效的获得了自己生命的延续，无论是攻击还是防御的手段，都只显示在有效性中。当社会中的某些人指着狮子或老虎说：“它们有力量。”然后又指着草木虫鱼说：“它们没有力量。”这种说法尽管符合社会经验性观点，但我们是不承认的。当我们说力量的绝对优势，不是仅仅指力气的大小或攻击者的地位，而是指有效延续自我生存的手段，无论是攻击还是防御。

对于个体来说，获得力量优势的方法可以是力气、技巧，以及明智的寻找对手。如果在各种因素中都处于劣势，那就要尽可能地寻找最有效的防御，有些动物会选择隐藏，有些动物会选择奔跑逃避。但是还有一些动物，它们既无法有效的隐藏，也没法达到快速逃跑的速度，于是就产生了另一个能力，就是以众多的数量聚集在一起，以达到威慑或相互保护的目的。我们可以充分的说，人类是属于这种类型的。或许，懂得使用工具并制造工具是人类与其它动物得以区别并产生差距的主要原因。但我们可以说，这绝不是唯一的原因。因为还有一个非常重要的一点，就是像人一样，其它动物在群体与群体之间也会发生摩擦和争斗，但是结果都是互不容忍，要么一方完全退出，一方完全胜利，要么两方俱损。结果都是两方只保留原先的集群范围。而人类则可以完成集体性的兼并，并把原本互相敌对的两方完全而充分的融入到一个整体当中，使之成为一个新的集群。这是人类从早期的家族过渡到村庄——城镇——民族——国家的主要也是唯一的途径。而这就是人类得以超越其它物种并获得最大善的成果的包容性。当然，具有历史常识的人都知道，许多这种包容的产生是战争、屠戮，甚至压迫与反压迫的结果。在人的原始阶段，除了各个独立的像今天的猴群一样以家族为单位聚集在一起的群体，社会的组织还没有产生的时候，如果不是通过战争，他们无法聚合在一起，就像今天的两个家庭，怎么会无故的合并起来生活呢？马克思把这个阶段称为早期的奴隶制时期，这完全是可以成立的。因为人类开始的聚合总伴随着使失败的一方成为自己的像生产工具一样便利的生产力。但是这两方终究要凝聚在一起，因为与外界新的较量对决只有充分的使用凝聚起来的力量才可以掌握更大的胜算。因此比起近代的奴隶制，那种奴隶制具有本质性的不同，这在全世界各个地方发展起来的人类社会流传的早期文明中都可以清楚地反映出来，就是那些神话传说以及英雄时代，这是早期人类的语言能力留给后人最珍贵的历史资料，这些神话又通过了文字得以最终的保存，即使是被加工过的。荷马史诗中描述的各地的首领与民众之间从来就不是奴役和被奴役的关系，而是民众们拥护着自己的首领来保护自己，同时对他们的能力提出要求，就像《奥德赛》的诗篇里所说的，民众们甚至可以决定处理那些首领的财产。产生了阶层关系的奴隶制社会远在这些最初形成的组织之后，这往往产生于组织的扩大，并且迫切的需要远征以获取丰厚的资源，这些资源不但包括物质、土地，还包括劳动工具，后者以人补充只能是当时的不得已选择，因为在这方面的发展他们实在没有能力，然而对照于今天，我们与之相比无疑具有非凡的能力，因此说人类社会是发展的并没有错，但这个发展纯粹是以技术的进步为核心，即使善的进步也只取决于此。换言之，如果这方面的能力不足，人类的退步并不是不可能。因此，我们可以充分的理解这样的结果（实行奴隶制）是由于人类对于创造更多资源的渴望，只是在技术能力和管理手段上无法达到足够的水平而不得不以这种低劣的手段来维持这一目的，只要人类对于价值创造具有冲动，某些违背人的个性的做法就难以避免。与那些奴隶制相比，今天因为财富分配不公以及其它资源分配不合理不也是同样违背人性要求的行为吗？有人把奴隶制当作罪恶，这绝对没有错，但是不要在指责其他人的时候忘了反思自己，直到今天，也没有任何一个时代的处境可以对于公平的个体要求具有普遍的满足。因此在任何情况下，组织之善都不会因为个体的不满而消失殆尽，尽管会无可避免的出现减损。在那些压迫、奴役、屠戮的罪恶中，产生伤痛的绝不仅仅是当事人，因为对于人来说，即使是死亡，也不过是服从自然的过程，即使心中无限抱怨，与极端喜悦而无法释放的激情相比也不会有很大的区别，仅仅是情绪的自我压迫或释放，当死亡产生的时候，个体的一切都已结束，任何情结都不再属于他们，这时真正能感知痛苦的事实上是与他们有关联的人，或者说是原先依靠他们而生活的人，这些人才真正的发生痛苦。有人把这种痛苦看作死者悲哀的延续，这明显只是宣传和扩大自己要求的借口，最终的目的还是为了满足活着的人的需要。但是这个事实很多人都不愿承认，带着掠夺的欲望，他们只为了满足自己的要求。对于这种利己性本质，我们并不认为有错，甚至不认为不道德，但是作为一个追求善的理想的社会，怎样处理和解决这个问题才是个问题，因为处理不好，社会公正和合理分配都将荡然无存，这些才是践踏组织之善的真正原因。

社会组织中，力量和意志是决定组织状态和程度的绝对因素。在已经形成的组织结构中，组织力量的绝对优势来自对组织之善的绝对服从。原因很明显，只有生存环境得到保障，才会产生更多人凝聚的事实，这些人的凝聚就是获得力量的前提和保证。像个人的大脑是身体的统帅一样，每个社会组织也要有自己的大脑，并且由这个大脑来决定组织的意志和行动方式，这就是社会管理者，它是由个人来担任的组织负责人。遗憾的是，这个地位被赋予了过于集中的力量，这个力量又可以被个人操控，于是就有很多人把这个责任变成了权力，使之为自己服务，把管理变成了统治。我们甚至可以确定的说，一切的权力者都是抛弃了社会责任的统治者，并因此是不负社会责任的人，他们的一切既得利益都是对于社会的掠夺。反之，如果一个人尽职尽责的做好自己的工作，无论有多高的地位，都只是在履行社会责任，而没有权力的概念，并且，地位越高，所负的责任越大。与个人相比，这个庞大的组织力量的服务者必然显得崇高和伟大。这就是个人价值通过社会服务价值的延伸，它无疑值得每个人倾力追求。但是，这个价值与能力必然具有等比例的关系。让一个无能的蠢货获得崇高的社会地位，这种事情的发生只能反映出当时整个社会的变态和无能，而这种事绝不是少有发生。

通过社会经验，我们充分的认为，社会的整体状态完全通过少数人的把握，即使在今天看来充分民主的社会，管理者们如果充分的运用自己的力量，也可以把这个社会的民主力量击垮，并实现个人或集体的统治。自然有人不承认。但是请考察一下共和时期的罗马，那时的法律条文即使在今天看来也还值得人们赞叹,而那充分的反映出了民主的力量,但是后来呢？一场战争就足以改变一切。先是苏拉，后是凯撒，直到屋大维。今天确实具有比那时更为优越的民主表象，但这是建立在经济发展的基础上，只要经济动摇，有什么不可能？请不要认为我们是在对这个社会提出诅咒，如果我们不能充分的认清各方面的情况，所提出的只有片面或偏见，比起这个情况，我们宁愿使多余的意见被剔除。

让一个社会是被管理还是被统治其实都是后话，什么人可以获得某个社会的最大或最高组织力量本身就不具有随机性，它是一个社会的意志和状态的充分反映。我们可以简单而充分的表达：谁的意志更为坚定，谁就是这个组织力量的获得者。这种说法简直就让具有社会经验常识的人笑掉大牙，“我是一个普通的底层社会人，是不是只要我具有坚定地意志就可以获得这个社会的最高组织权力？”无论是谁都可以提出这样的反驳——如果他的目标是权力的话。我们自然无法给予这个提问一个充分的解答。我们不是纯粹的意志论者，并且不会认为可以通过想象获得超能力。在解答这个问题之前，我们先要弄明白意志是什么。我们可以充分的理解到，并且期望得到他人的认同，既认为意志是对于所需要获取的东西的信心，而这个信心来自必然有能力获得的信念。信念是什么，我们已经在“观念论”中表达了自己的观点，就是对于已经验证了可以实现利己准则的正确观念，并且以这个观念为正确准则来指导行动的动力。这自然有些饶舌，不过理解它还是有些必要。或许我们也可以说得简单一些：如果没有实现目标的手段，那相信能够实现的信心又来自哪里呢？如果那么容易把想象变为现实，也就不需要有多少人那么努力的工作了。所以我们还得要说，谁能够获得最高的社会组织力量还是要看谁能够在竞争和较量中获得胜利。这看似废话的话并不多余，并且有需要揭示的本质。

从古代到现代，社会上一直流传着上天赋予权力、命运安排、神与人中之圣者的契约、不公平的资源分配导致的不平等使人失去了机会等等观点，无论是借口还是欺骗，或者是无聊的抱怨，它们都不涉及社会本质，甚至不产生任何实际影响——因为可以真正影响的因素不是这些。如果一个社会的观点停留在那些水平，更好地改进措施甚至都无从谈起。

这里的理解确实很简单：力量在决定一切。但是力量本身不会主动发生任何效应，只有意志的参与，各种力量才可以被调动起来。而意志的大小从来就不取决于力量，它是独立的，因为它会在每一个人身上发生并体现。美国黑人R•帕克斯夫人在拒绝给白人让座的时候并没有考虑到要发起全国性的持续争取黑人民权的斗争，她只是坚定地维护了自己的要求，她的自我意志告诉她这并没有错，或许是她的国家在犯错误。这种符合人性要求的思维具有显而易见的正当性。但是社会上众多的人不敢提出来，甚至认为这是荒谬的行为和错误的做法，仅仅因为它们违背了习惯或者法律。今天的人还敢说在当时是帕克斯夫人在犯错吗？若不是，那就是在当时其他所有人都错了，包括她的国家。然而，今天在面临同样的情况的时候，还是有很多人会逃避自我的要求，使其和他人的习惯一致，并因此建立起许多自以为是的明智观。比起帕克斯夫人，我们说，他们也没有错，只是他们没有意志，没有争取自我要求的力量而已。所以我们说，依靠意志争取自我要求与那些抱着空想的人具有本质性的不同。有人再提出那种依靠意志是否可以争取到最高权力的问题就请打住吧。

当我们以帕克斯夫人的遭遇为例子的时候可能有人会认为我们在借用一个偶然发生的例子，但我们并不承认。事实上，从广义的概括上来讲，我们还可以分出更为主观但绝对符合现实经验的概括，我们认为这个世界上的人从程度上来说可以分为三种人。一种是懒人。但是这个懒并不具有经验中的贬义，像零一样，它处于自然无为的地位，用懒来称呼，是因为人偏向于惰性的要求。他们总是随遇而安，同时具有随众性。人家往东，他们也往东；人家往西，他们也往西；人家这样做，他们也这样做；人家那样做，他们也那样做。只要是不违背基本的生存要求的，他们都可以接受并乐于接受。基本上，他们占人类的大多数。谁能够反对说这样的人不是占多数呢？但这也不一定，在崇尚理性思维和理性教育发达的社会，这样的人会相应的减少，但绝不会消失，除非一切个体都不再有惰性。还有一种比懒人勤快的人，这样的人在许多时候也会像懒人一样随遇而安，但是在更多时候，别人休息他们还会主动的做些有益的工作，别人认为这样做就可以了，但是他们还想探索，并具有进一步发展的愿望。他们不是因为欲望的冲动，不是为了价值的实现或精神的升华，仅仅因为内在本质的驱使，使他们对于自身的环境具有主动改造的动力。有人认为这样的人不存在，那就请了解历史上许多或者伟大，或者平凡但具有贡献精神的人们，在行为的背后，谁能找出他们为了名或利的痕迹。并且我们可以说，人类的一切发展和进步都来自这些人的动力要求。在那些偶然或必然地情况下，他们总能超出现实经验的束缚，把人类的活动能力推向一个个更高的层次。比起懒人，我们认为他们是一等人，而懒人就是二等人。

直到今天，许多人还认为人的动力来自欲望的引诱。但是不要忘了，许多人有了动力，有了创造的价值，但他们同时带给社会奴役和压迫，这种直接导致社会退步的结果绝不会与那些带动社会进步的人处于同一水平，而这种人是我们所要提到的第三种人。这最后一种是我们一定要弄明白的，就是那些比懒人更懒的人。这是一种奇怪的状态，因为他们在许多时候表现得并不懒惰，甚至更为勤快。但是没有例外地是，他们的特别行为背后一定带有特别的目的，这与比懒人勤快的人相比似乎有时难以区分，事实一点都不难。比懒人勤快的人的一切工作都来自内在的动力，无论做什么都具有持续性。但是与比懒人更懒的人的行为完全不同，他们做任何事情都不具有持续性，并且具有明显的表演成分，他们对于所做的任何能看出成就的事都具有展示和宣传的欲望，并且直接带有索取的目的，一旦他们的目的性无法达成，就立刻会退居到极端消极的水平，并且会想尽一切办法逃避应该做的工作和所负的责任。在他们所做的任何事情中，投机都是唯一的动力来源，这个动力一旦失去了，他们就会表现的极端懒惰。他们无视任何人基本的要求，对他人更加不会具有丝毫的怜悯和爱护之情。他们不怕失去势力，因为他们可以尽一切投机的手段争取本不该属于他们的成果，当其他人因为懒惰和无能而放松警惕的时候，他们很容易得势。当他们得势的时候，就绝不会考虑到为他人带来一点益处，因为他们清楚地知道，自己的地位只能建立在压迫他人的基础上。人间的一切压迫、奴役和暴力都是建立在他们行为意志的基础上，只要这些人掌握组织权力，社会的管理就不可能实现。这些比懒人更懒的人是社会的绝对毒瘤，我们称他们为三等人。但遗憾的是，在大部分时候，他们总能获得这个社会的主导权，原因很明显，社会上大部分都是懒人，而他们没有制约的意志和动力，只有那些比懒人更为勤快的人才有机会和能力制约他们，然而这样的人往往只占有最少的比例。但是这样的人一旦产生，某个社会就会因为他们而受益无穷。

许多人会把第三等人的意志看的异常坚定，这无疑是个错误。在三等人的比较中，实际上是第三等人最缺乏意志，并且远不如作为第二等的普通人。在许多情况下他们之所以表现的有力量，是由于他们善于投机带给他们的资源使之有机会做很多普通人无法做到的事情，并因此展示出比普通人更高的能力。当他们掌握了资源，也就有了把凝聚起来的公共资源当作工具来有效使用的权力。没有人会在被资源掌控的情况下无动于衷。并且极其容易被其压迫或接受其压迫。他们没有意志但有力量，能够撼动这个力量的唯一武器就是意志。或许有人要有些介意了，因为我们前面下了一个定论，就是力量的绝对优势来自对善的绝对服从，这里又认为他们有力量，那不是在说他们是善的吗？我们认可这个逻辑的方法，但是并不接受这里的逻辑定论。他们确实掌握着善的力量，但这不是他们的产出，而是他们携掠的成果，通过投机手段，他们可以引诱一切意志薄弱的人交出资源，当这些资源大量聚集的时候，掌握它的人自然会显示出力量。但无论他们在表面上显示的有多么强大,只要具有意志的人在善的原则下与之进行充分的对抗,他们最终都会一败涂地。但这个对抗绝不可以具有情感上的仇视,因为仇视是懦夫的产物,而懦夫从来就不可能成为一等人。这个在目前不被接受的说法是具有绝对的内在性的。一个人被具有强大攻击力的野生动物袭击,如果没有失去性命,而仅仅受到一些小的伤害,他只会因为逃脱了性命而感到庆幸,绝没有一个人因为受到它们的伤害而耿耿于怀,整天想象着去把它们也伤害一次,以此来报仇。真正这样做的话,就是一个找死的神经病。除了面对死亡的威胁,他不会获得任何结果。这种愚蠢的行为无疑是违背了基本生存要求的善的准则的,因此绝对不能这么做。那我们对人又有什么理由这么做呢?对于一个曾经伤害到你的人来说,只能说明你曾经对于保护自己的力量不够,这时唯一要做的就是增强自己的力量,使自己不要再受到同样的伤害,而报仇,仅仅是为了发泄一时的私欲,结果是迎来更大的威胁自身安全的因素。这不是极端愚蠢的违背善的行为是什么?所以说,一切仇恨都是对于善的违背的愚蠢行为。避免毁灭性的伤害是得到力量的前提和保障,只有拥有更大的力量,战胜罪恶才具有可能,因此,当三等人创造社会罪恶的时候,这时要做的是获得足以战胜对方的更大的力量,而保证自己的安全就是最重要的前提,无论曾经受到的伤害有多么深,需要了解的是自己活了下来,并且有机会增加足以保护自己的力量,这不是大人们想看到的孩子最好的成长状态吗?为什么到了自己这里就迷糊或把握不住了呢?所以,对于一个只是立足于社会的发展和创造的人来说,他绝对不会具有仇恨,任何情况下都不会有一点点,这是基本要求,也是前提,并以此来证明这个立足于斗争的人是否具有成为一等人的品质。无论是什么样的仇恨,最终都只会导向一个方向,就是对于伤害他人具有主动要求，这个主动要求不是建立在自身所需的基础上，而是建立在谋害和伤害的基础上，这本身就践踏了善的准则，也践踏了社会的公正。有人可能会觉得这里是在鼓吹不惩罚恶人和罪犯的理论。如果有人认为自己更明智的话，那也不要把我想的太愚蠢。鲁迅“棒打落水狗”的杂文可以是那个时代的绝唱，并且，在任何一个被统治的时代中也需要这种反抗的精神，他提出的打“落水狗”的想法是愚蠢的报复或报仇行为吗？我认为不是。当一个社会的某些人的意志就是建立在谋害他人的要求上的时候，这些人无论是主观行为还是客观的被动行为，其实际产生的结果已经表明了他们的性质，不需要再做其它的分析，就像军人，在战争中，他们已经产生了杀人的实质，那在与他们对抗的情况下还用去管他们是好人坏人、对还是不对吗？当然不能。所以，当那些毒害人的行为已经产生的时候，对它进行制止就是这个社会的责任，如果劝他们放下屠刀是不可能的幼稚想法，唯一的制止方式就是使他们永远脱离再产生这种行为的状态。一般来说，能够产生这个结果的方式也就是那么有限的几种，我们需要分开进行分析：一、彻底取缔产生这个行为的工作性质。也就是不能再让这样的职业存在，如果军队是战争的根源的话，那就不允许世上再有军队；如果专制是人们遭受压迫的根源的话，那就取缔专制权力。这是最为有效、最为崇高的社会手段，但它需要整个社会全面进步的配合才可能产生，涉及的因素方方面面，新的管理手段、新的岗位安排、新的秩序调整，一切的一切，等等等等，可能这样的进步要几十年、几百年才能具有一点成绩，但是每一点一滴的成绩都对于整个人类社会的进步起到永远有效的推动作用。二、调整这个职业的性质，增加其管理行为的合理性，使其野蛮行为状态受到法律法规的监控。许多人认为这是可行的方法，但实际上它同样不容易。每一个能够伤害人的行为的前提都是强者压迫弱者并因此能够获得利益的驱动，这等于是让那些既得利益者放弃自己的利益诉求，因此，从古代的奴隶制到今天的企业主对于劳工的压迫，他们总会想尽一切办法最大化的维护自己的特权，今天的法制在观念上为一些人的认识提供了安慰，但是不要轻视了企业统治者具有辞退员工和决定员工工资额度的特权，比起对于奴隶们自由的剥夺，这种方式并没有比那些奴隶制进化多少，在弱者对于生活状态和生活方式的选择上，两者甚至看不到什么差异。奴隶是被奴隶主个人支配，今天的劳工是被整个社会的强势力量所支配。无论如何，如果能够减少一些伤害，我们还是乐于看到法制的有效实行对于特权的约束，当然不是愿意看到特权阶层利用法律增加对于弱势群体的压迫。三、如果上述的两种情况都不可能实行或者无法解决问题的话，第三种方法就不可避免了。理论的说，就是在不改变组织形式和结构的情况下，把那些制造伤害和罪恶的人剔除掉。有时候只需要撤销他们的岗位职责，有时候则要剥夺他们对于他人迫害的能力和手段，而在有些时候，还会剥夺他们的生命，尤其在政治和军事领域。当历史上的众多暴君做了许多他们绝对无法补偿的罪恶行径的时候，人们无法平息对他们的怨恨，对其处以死刑就是获得社会心理安慰的唯一手段。事实上，这种看似有效的方法不能改变任何罪恶的根源，仅仅是把灾难向后转移而已，只要产生迫害他人的条件存在，罪恶就不可避免。而在一切处理罪恶行径的方法中，这最后一种却是最不能根治的，但又是最容易被使用的，事实不仅仅是因为它易于操作，更重要的是这种处理的方式可以为那些处理别人的人带来利益，这种内在邪恶的循环延续显而易见，能够如此被滥用的原因也浅显明了了。在三种方法中，仇恨也只有在最后一种情况下才会被作为根本理由加以实施，因为那些处理他人罪恶的人所要的不是消灭罪恶，而是因为那些罪恶不是由自己创造，这是由强大的嫉妒心所导致的委屈的埋怨。许多人认为这种说法偏激，那我们可以看看这些充分显示了本质的案例。在许多历史时代中，因为受到压迫而起身反抗的人们在成功了之后不是追求所受压迫的原因并予以根本性的改造，而是通过新获得的资源优势使自己处于压迫他人的位置，中国历史中的项羽反秦、绿林起义、赤眉军起义、黄巾起义、李自成起义、太平天国起义等等的数不胜数的反抗斗争处于一定规模的成功之后，都会以仇恨的借口来对那些原先压迫他们的阶层予以野蛮屠戮的报复，然后呢？都会立刻投入到争权夺势的斗争中，目标都是让自己处于压迫他人的位置。而对于自己替代了原先压迫人的阶层本质则不予任何考虑。仇恨在这里扮演着什么角色还用加以辩解吗？仅仅是一种破坏的情绪而已。这种情绪毋庸置疑的只是嫉妒心的产物，因为一些宽厚仁慈的君主在明智思想的指导下，往往可以压制仇恨而完成自身的改造，这些人所产生的成绩是没有任何一个依靠暴力发泄的人可以达到的。在中国，刘邦、刘秀、赵匡胤、朱元璋、忽必烈等人在这方面都足以被称道。

仇恨是必然不包容的结果，当不包容的情绪根植于一个人的本质中的时候，即使别人一个无意蔑视的眼神，或者别人在行为当中完全合理的行为要求但产生对自我的不满的时候等等情况，都会导致个人心血来潮的仇恨，并因此产生野蛮的迫害欲望，这种来自于必然人性结果的原因还需要被否定吗？这个定论可以接受的话，那我们又凭什么对于仇恨不予以藐视并抛弃和改造呢？

因此，仅仅把那些在状态上不合适的人替换掉，通过新替换人员的个人道德作用，可以在当时看到最有效的改变，但是用不了多久，旧病复发就不可避免。在利益和道德上作出两级选择，没有什么特别的理由会让人总是趋于后者，在理想化的结果没有产生的地方，新的迫害行为必将再次发生，有时候，这不但包括他们的社会地位和工作环境，甚至是生命。因此，当某个社会组织被那些三等人所把握的时候，就不可避免地要品尝一些心酸了，一些不幸的个体不免要遭到压迫、死亡、奴役、恐吓、威胁、诽谤等等可怜的命运，这个感受相信许多人都体会过，或许您正在体会。

回到对帕克斯夫人的评定中。从她那著名的不让座的态度中我们可以看到，她不是懒人，因为如果是懒人，就会服从惰性的驱使，顺从环境的意愿把座位让出来。她也不是比懒人更懒的人，因为除了争取自己尊严的意愿，她没有对任何外在资源进行索取的愿望。因此我们对她的评定是比懒人勤快的人，也就是一等人。当然，在当时的情况下，如果没有马丁·路德·金等人的支持与活动，人们可能会认为她不能产生那样的影响力。确实可能会这样，但是有多少人会认识到，在充满竞争与矛盾的社会，有多少人在维护着公平与正义，并使得我们有条件享有这个社会的秩序与安宁。帕克斯夫人的例子只是代表着这个社会一些人行动的准则，当她成为一面旗帜的时候，那些追随她的精神的人们就在呼吁人们以同样的方式努力。正像前面所分析的，她获得胜利的条件不是力量，而是意志，纯粹的个人意志，但是足以战胜整个社会。没有人会否认整个社会的力量，如果不服从公平的善的准则，那种力量就是脆弱的。但是在没有战胜它的时候，那种表面的强大总会吓住一些人。社会权力的分配也与此完全相同，当所有人都有勇气争取自己的需要和尊严的时候，就会促成社会的管理，因为非管理的方式会被各种自然要求自然取缔。但是当人们以懒惰和懦弱的心态不敢面对自己的真实要求的时候，他们就是把社会的组织权力出卖给了那些投机者，而投机者们绝不会谋求满足他们的要求。因此我们可以清楚地看到一等人管理社会，三等人统治社会，而二等人呢？他们永远都是随遇而安的一群，但是在各种力量的较量中，他们总会趋于目前看似有利的一方。利己性可以获得存在的善，但总会有意无意地违背主动争取的善的精神。这一切都将在组织结构中表现出来。

我们在前面提到，谁能获得组织的最高权力，就看谁的意志更为坚定，但是又强调了第三等人的意志最为薄弱，难道所有的社会都是由一等人管理的吗？这种瞎话连傻子都不会信。一切的解答都在意志的定义中。总的来说，如果人们不懒惰和不逃避，就没有什么人可以按照个人的意志统治社会，而是支持或服从社会内在动力的需要进行自我发展。但是人们在许多时候会选择懒惰和逃避。逃避会导致懦弱，懦弱又反过来产生更大的逃避情绪，由此我们可以说，一个社会被统治本身就来自于人的弱点，或者说是人性弱点的产物。在这个世界上，没有任何事可以把希望寄托在懒惰和懦弱的基础上，说它们是一切罪恶的罪魁祸首绝不为过。无论多大的罪恶，只要不逃避和不懒惰的去面对，怎么会有不能成功解决的问题？即使因此而失去生命，又有什么好遗憾的呢？人总会死的，而有价值的死绝对是可取的归宿。人们并不是不明白这一点，只是到了自己的头上，个人就难以承担。确实，谁能知道这个世界的幸运是不是偏向于自己一方呢？但是作为公共组织，就必须要把形成善的因素表现出来，否则，组织之善也就无从谈起。作为这种精神的追求，法律总是可以具有相应的表现。即使是统治者制定的法律，他们也不敢把公认的罪恶行径作为可以接受的社会规则，这种法律不但不能实行，制定这种法律的人也不可避免的要走向灭亡。当然，对于选择懒惰或逃避的人来说，他们没有资格这么认为。

我们完全主观的把人类划分为三等，有人认为这是对社会公平要求的挑衅，确实，我们在这么做，但这是迫不得已。因为许多有良知的人都可以看到，社会上掌握权势的人总想把人分为三六九等，并且总把自己划入到优势地位，从古代的崇尚贵族，到后来的神族，即使在人文主义兴起的时代，被人尊敬的孟德斯鸠在《论法的精神》中还弄出个人种差异的论调，这几乎直接支持了种族歧视。到了近代，有人又弄出个智力差异论出来。说实话，这些论调没有一点值得人们推敲，但是一涉及到现实行为，它们总具有令人痛恨的野蛮力量。我们深信，与之相同的提倡不平等的论调还会有，但是任何这样的论调都是由那些占据大量社会资源并以社会主导者的姿态提出，而这些人往往具有极端低劣的品质，对他们容忍简直就是对自己的侮辱，因此，我们也试图建立一个可以被应用的等级观，但是谁都看的出来，这里不是以地位、权势来衡量的，如果深究其中，这里更认可品德和劳动创造的价值，但它是否可以被接受，我们不知道。说实话，我们不愿被直接性的接受，因为在应用上会出现许多教条式的误区，比如我们认为，人在生时不能得到这个等级的划分或定论，除非到了死后受到人们的评价。但这种一厢情愿的想法绝不可能被接受，因为许多人想要的是武器而不是道德或秩序。如果可以作为武器，并且能够对抗那些令人愤恨的不公平论调，我们也是想要的。

第二节　公平、公正与正义

我们一直提到公平、公正与正义的要求，在目前的语境中，它们似乎是一切正确观念的代名词，谁提到它们，谁就是对的，谁就是令人尊敬的。世上没有这么容易产生虚伪的环境。尽管各种应用上的虚伪不断地出现，但那也是各种因素的合成才产生的，像这种只要借助一个名词就可以表现自己无可争辩的正确立场不过是痴人说梦。当我们弄清楚这些词性的内涵的时候，人们才有机会辨别出它们的真面目。

不用问公平是什么，我们现在都知道，就是平等的待遇。许多人认为这是社会自然产生的道德准则,其实完全不是这样。在这个世界上，除了人类社会，我们看不到还有其它环境对公平具有要求，就是主观的要求某种平等的待

遇。而是各种物种按照自己的能力掠获更多的可利用资源，以求占据更为优势的地位。只有在人类社会这里，人们才对公平具有某种主观的要求。这个要求真的是建立在平等待遇的基础上吗？我们可以明确的提供无可争辩的否定答案。人类社会和其它物种的社会一样，从来都是在力量的较量中看谁能够获得优胜，然后以优胜者夺取使用资源而宣告结束。这是在双方力量具有差距因而一方获得完全胜利的情况下。当两方面的力量出现了某种平衡，就是谁也无法战胜谁，在这种情况下再继续进行战争就只是使两边互相持续具有损失。因此，如果两方面还有一丝明智的话，他们就会具有停止战斗的要求。但是对于所争夺的资源如何分配呢？停止战斗的双方只要进行一点小小的协商，就会轻易地做出平分资源的决定。这个决定对于任何一方来说都是最佳的选择。于是平等就这样产生了。除此之外，再没有任何理由让人或其它物种对于平等的原则具有依附的倾向。在这里我们就可以说：社会的平等并不是社会秩序自然要求的结果，通过一种力量的对决，它是由两个人或两方面在争取自身利益时所达到的一种平衡。通过社会实践，作为智识的人类很容易就会发现在两者发生抢夺却没有谁获得绝对优势的情况下，两方面所做出的最好选择就是平分所要竞争的资源，因为这样可以避免两方的持续损失。一次经验的实践就足以使人们在遇到相同或相似的情况下采取同样的方式，不要说人们会经常遇到这样的问题。公平，从来不是客观需要的

行为道德准则，而只是在一定的条件下人们采用的能够获得最为有利的结果的方式。正是因为它过于现实，因此容易被这种更现实的选择所推翻：力量不平衡的时候，强者掠获更多的物品。平等的分配这时就不存在，公平自然就荡然无存。但公平所能达到的对双方都有益的概念被保留了下来，并成为了被人愿意推崇也愿意接受的秩序工具。今日，对于公平的要求已经达到了道德准则的境界，这种完全立足于现实利益的准则在道德层面产生绝对的效果是完全不可能的，除非人的境界都达到了无所欲、无所求的地步。但在目前，我们还看不到这种迹象。故事里或神话中有一些对于无所欲、无所求的赞颂，但那些赞颂似乎也没有哪一个忽略个人的英雄主义。如果有谁站在现实中还认为公平是绝对的，那真是活见鬼了。正是因为这种公平的条件在许多情况下得不到满足，人们发明了公正。我们认为这是强势者的发明。虽然公平得不到，公正是有的。公正是什么？很简单，就是公平没有了，不公平也是合理的。之所以公平，是因为两方在争夺利益的时候势均力敌。若有一方胜过另一方，公平就没有了。但对于胜方来说，如果不想践踏公平的道德原则，又不愿意放弃到手的利益，就会认为，“我用我的努力，不怕辛劳、艰苦奋斗得到的东西是合理的，并没有践踏公平，只是不是等分的公平方式，而是合理获取的公正的公平方式。”喏，公正就这样产生了。如果在道德上也可以被我们认可的话，那不能说我们虚伪，只能说我们太有智慧了，只要需要，我们可以把一切矛盾的东西置于我们自身之上，使其成为我们的指导准则，同时，又在一切必要的时候对它们不屑一顾，我行我素。我们就这样在社会中造就我们的非凡特性（当然，到目前为止，这还不是全部）。

在上面的定义中我们很容易认识到，公平总是弱势者的要求，而公正总是站在强者一边。但是，这种过于本质性的说法并不能用来指导人们的现实行动。在自我需要面前，人们并不愿意服从本质的规则要求。真的以本质规则为行为准则其实也麻烦，谁能充分地理解哪些是真本质，哪些是假本质呢？因此，在公平、公正这对完全矛盾的要求里，人们总是会把它们并列使用，也因此，只要两种放在一起使用了，就绝对不会获得任何一方的结果。

上述的观点自然会让一些原先坚守公平或公正道德的人们难以接受，因为他们一直坚定地认为通过某种看不见的道德准则，人们必须履行某种内在的秩序以满足这个社会的道德要求。但是这个道德来源于哪里他们却是不知道的。“多劳者就应该多得，应该这样。”他们仅仅用这种没有来由的话来强调自己的观点。我们当然不是对这些话加以指责，而是看到了提出这个要求的人在背后总是通过尽可能的手段来践踏他们所追求的公平的原则，就像他们并不具有等值的劳动付出，却不断地提出更高的回报，对于自己没有理由享有的服务，却去不断地要求，这不是一种讽刺吗？

正义是什么？不用提什么对于正当性行为的维护、对于犯罪者的惩罚力量等等没有本质性所指而只是带着情绪衡量的答案，因为像“正当”、“犯罪”这些词汇都只是相对的站在个人主观认定的角度产生的。我们从一个笼统的角度引用一句很俗但不需要进行衡量的话，“正义终将战胜邪恶”。（邪恶总是不好的，战胜了邪恶就总是好的。这是人们的基本观念）。可是这个意愿经常达不到，因为在感受里，往往有很多邪恶都战胜了正义。

因为无法避免人们具有广泛共识要求的观念，这里就是无法舍弃正义这个要求，许多人又套用了一个支持它存在的理由，“正义一定会胜利是对的，因为只有胜利的人才是正义的。”这句话的意思显而易见，完全就是“胜者为王败者寇”的翻版，可是对它内在的逻辑性不免让人恐怖，它摒弃了一切道德上的要求，这是完全不允许的，因为人们需要它就是为了道德上的精神追求。

无论正义是否存在，在人们的观念里都不会舍弃它，因为人们总要实行自己正当性的追求。

我们先抛开那些逻辑上的东西，仅就需要来说，我们可以抛弃正义这个观念吗？比如说世界上根本就没有正义，也不存在对于正义的追求。不能，绝对不能。理由正像上面所说，人们要有实行正当行为的理由。什么是正当行为？我们在善的理论中已经具有一些认识，比如善是人们的必然需要，无论是否能够得到，这些认识因符合人们的常识与要求，因此绝不会抛弃，更不会失去，因为它们来自人的内在需要。我们可以充分的说，当人们提到正义的时候，也会具有一种感受，就是它是存在的，并且是可以得到的，但是在某些时候它也会失去，而在失去的时候，就会有人受到伤害和感到悲哀。同时，还伴随着另一个现实，就是当有人得到它的时候，就会导致另一部分人受到损失，但对于人们的良知来说，那些受到损失的人一点都不可怜，因为他们要求的是他们不该获取的东西——就像那些违背了正义的要求而被攻击的坏蛋。（这种常识性的描述不知是否会让您满意）。由此我们认为，这是社会的某个观念在要求人们具有一种不违背善的共识，并且要求人们以实际行动来促成这个观念的实施。在提到这个社会如何促成这个正义概念实施之前，我们再回顾一下公平、公正的性质。

在前面，我们是以狭隘的视角来分析公平的来源的，因为从这个角度寻找公平，公平也就不存在，但是把它作为社会的观念共识，就会产生一个人们对于平等的要求，而这个要求总会伴随着对于不平等的指责。不平等所带来的危害是显而易见的，最起码它践踏了人们对于善的精神的追求——即每个人都有平等的生存愿望，因此指责它并要求改善或纠正这种情况也就是对于善的实施。对于这种要求，我们总会认为是正义的。

公正是个同样的例子，尽管在性质上它几乎与公平对立，但是它要求了这样一个现实：就是以付出和收获具有等比要求的正当性。让无所事事的家伙和一个倾尽全力做好自己的工作并且创造了非凡价值的人具有同样的回报，这是所有人都难以接受的结果。人们都毋庸置疑的具有价值衡量的观念准则，因此不公正难以被接受。而那些践踏了公正的人就是要获取不是自己创造出来的财富。如果让他们获得，不是当事人的所有人都会气愤。因此人们具有阻止这种情况发生的意愿，使有价值的人可以获得更多的回报，因为这是他们的努力换取的，而那些懒惰的家伙，只要给（这里指自然选择的“给”，而不是站在个人的角度进行主观分配）他们基本生存的条件就够了，这也不违背善的要求。公正在此所显示的作用显而易见，可以确定的说，它仍然是对于正义的追求。

除了对公平与公正的要求是正义的，人们还对于那些带给他人伤害的罪犯具有惩罚的要求，如果这种惩罚没有实施，人们就会认为是正义的缺失，如果罪犯受到了相应的惩罚，人们就会认为实现了正义。在这里，暴力的使用明显不是主动的侵犯行为，而是对于人们不受伤害的维护手段，既使用惩罚的方式警戒社会上的人们不要对他人进行伤害。这个性质让我们清楚地看到了正义的本质就是对于善的精神的实施。对于公平和公正的要求也是为了增加人们的生存满足感。这里，善与正义具有完整的统一。

是否可以获得正义是社会较量的结果，在这个较量中，公平和公正也被有机地结合在了一起，对于创造了同样价值的人，具有同样的收获就是公平。而对于那些具有不同产出价值的人，人们希望可以按照合适的比例有差异的合理分配。这些都是正义的追求。当杂交水稻之父袁隆平获得国家数百万奖金的时候，人们都为之高兴，并发自内心的祝贺他。而对于这个社会上依靠贩卖假药、假种的商人，银行的高利贷经营者、打着政府旗号的官僚强盗、借助媒体广告宣传行骗就认为是正当行为的骗子等人获得了远比袁隆平多得多的收入的时候，人们清楚地知道，正义没有在他们身上获得一点实现。若说善是道德上的要求的话，那正义就是对于善的水平的衡量和善的精神的实践。因为正义就是对于公平或公正的追求，它的实施总是以暴力为基础而进行力量的较量，因此所获得的结果往往是要牺牲善的本质而产生毁灭，所以在某些情况下，正义的实施也会践踏善，尽管它是为了满足善的更高要求。要在这两者之间做出两极化的抉择，选择应该倾向于哪一方，或者哪一方是应该占有优越性的，任何这样的抉择都会产生损害或悲剧。正义与善应该保有某种平衡。因为过于追求正义的后果就是践踏生命，相反，过于追求善而放弃正义就会导致社会化的奴役，这两者任何一方的损失都是人类社会的悲哀。在这方面，历史已经进行了无数次的悲剧表演，尽管这些表演从来就不精彩。正义与善的平衡理论我们后面再说，这里只做个提示。

第三节 论征服

这一段本来可以融入到其他内容当中的，但是它过于抢眼，并且易于导致歧义，所以，还是单独分出来表达清楚好一些。

一只公兽在没有经过母兽允许的情况下强行进行了交配，开始母兽在极力进行反抗，但最终，由于受到生理刺激的作用，使之产生了生理上的满足，它终于屈服并接受了。并且，如果下次公兽还需要的话，母兽再不会拒绝。这一过程就是由征服到被征服的过程。如果要分析产生这个结果的因素的话，我们可以说，母兽获得了由公兽带来的满足，并对其具有持续地需要或依赖。公兽满足了母兽的这一需要，并有持续地满足其需要的条件，它才可以在权威上支配母兽，如果做不到这一点，它再也不要想在母兽身上获得自己的满足，更加不要想按照自己的意愿支配母兽。因为涉及到人的伦理观，我们没有用人来做例子，但是人与兽的这种自然天性并没有差别。

当作为蛮族的罗马人占领希腊的时候，并没有多少人认为希腊被罗马征服，尽管在军事上罗马充分的战胜了希腊。相反，更多的人认为是希腊在文化上征服罗马。后者的说法几乎没有多少人会反对。究其原因，我们也可以看到，罗马虽然在武力上战胜了希腊，但是它没有为希腊提供得以获得满足的条件，这种武力上的屈服绝不等于征服。相反，在文化上，希腊文化几乎完全的支配了罗马社会，而罗马则对其具有源源不断的需要，并且总会从中得到满足。这种征服与被征服几乎是毋庸置疑的。

不仅仅是从上面的两个例子得到总结，我们在一切方面几乎都可以看到，征服与被征服之间都确定的具有这种关系，既从原先的对抗发展到互相需要，而一方如果要支配另一方，就必须要为其提供得以持续获得满足的条件，如果提供不了，甚至是短暂的间断，结果可能都不能再维持支配与被支配的关系。就像公兽满足不了母兽，而其他的公兽乘虚而入的替代了它，此时的母兽就再不会接受它的支配了。希腊和罗马的关系也一样，如果希腊的文化远远被罗马超越，并且在任何方面都不具有借鉴的价值，那结果就是希腊文化受到罗马文化的藐视，并转而去寻找其他可以借鉴的先进文化，希腊文化思想再想支配罗马就再也不可能。或者说罗马本身的文化发展也可以对希腊来个反征服。

蒙古人起先也曾仰慕中原文化，当时除了南宋，主宰中原的金国也以中原文化的主导者自居，当他们派使者出使蒙古的时候，却做出一些极其低级的错误行为，并导致了当时蒙古可汗成吉思汗的藐视，从此以后，这位大漠的枭雄就再也不愿意臣服在其统治之下，直到他儿子窝阔台时代，终于灭掉了曾经让其臣服的金国。窝阔台的继承者，建立了元帝国的元世祖忽必烈，在数十年的励精图治之后，终于清楚地看到以汉文化自居的宋朝廷的狭隘和愚昧，从此，成百上千年被塞外仰慕的中原文化完全不再有被景仰的必要，并因此开辟了元朝包容天下学说，统一一切可知宇内疆界的辉煌时代。

当作为蛮族的满清人侵入到中原地区的时候，许多人认为满人征服了汉人，同时，汉人中又有人认为是汉文化征服了满族人。我们来下一个论断：明朝两百多年宦官得势专政，使得一些能力和见识非凡的文士高才难以施展抱负，并且要时时被那些愚昧并且不具有男士尊严的宦官支配甚至任意迫害，使得社会的公平、公正秩序荡然无存，当整个社会都把这当做耻辱和羞辱，就没有任何人还愿意支持这种社会形态，并且会形成抵触。当明朝末年发生了一系列的国家动乱，尤其是李自成的农民起义致死了王朝核心的皇帝后，倒塌的大明朝再也没有人愿意留恋。社会需要新的明智的政权来引导运行，谁能满足这个社会要求，谁就会被支持，被接受。李自成没有做到，于是他失败了。和李自成一样，满人入关后也进行了大肆的烧杀抢掠，人们也反抗他们，直到一系列的混乱较量之后，起于顺治帝而兴于康熙的立足于社会稳定和发展的政策起到了满足社会需要的成效，人们就再也不愿意接受其他不能满足这个社会需要的行为方式，社会接受了他们，顺从了他们，也支持了他们。因此我们说，是清王朝帝王们的治理方式征服了以汉人居多的中国社会，而不是满人征服了汉人，或者说汉文化征服了满人。因此，直到清王朝衰落，觎视中国的沙皇俄国和日本都认为征服中国是依靠武力，并且以所谓的前车之鉴作为例子，就是以女真、蒙古以及满族人的成功为例子。当他们以武力为依据的时候，这本身就犯下了一个无法饶恕的罪过。面对众多外敌的侵犯，当时的中国真正需要的是民族的凝聚力和自尊心，只有满足这个条件，才有被接受的可能，而俄国和日本不但完全无视这一点，甚至藐视中国社会的这种需求，在文化上，他们也不能带来一点可以满足中国需要的东西，这样的水平想征服中国，连一点可能都没有。

我们说了上面那些例子和意见，只是要为征服下一个定义。征服不是强者力量的显示，也不是弱者软弱的见证，它是支配方与被支配方的统一关系，这种统一关系是建立在一方能够为另一方提供持续地需要和满足，并以此换取对其进行支配的地位。在经验中，许多人想成为征服者，而不是被征服者。具有这种想法是因为他们本身就处在一个可怜的环境中，因为他们没有征服过别人，没有体会到那源源不断的需要付出的劳累。也没有被征服过，不知道在看似软弱的被支配地位中所享有的满足。他们，仅仅是无聊意见的消遣者。这样说自然会让很多人不以为然，那我们换个说法：给予一个生活困顿的人一份清闲但报酬很高的工作。这个人会怎么样？难道不会欣然接受工作的任务并具有感激吗？在性质上，这不是给予相应满足使其服从工作要求的征服是什么？同样，给一个生活枯燥的人以公共的职位，使之承担社会的责任，并由此给予获得荣誉的机会。极少有人会拒绝这种情况，除非有其他原因。接受之后，不也是因为满足其要求而接受了任务条件的征服吗？对于这些被征服的人来说，有谁不会坚定地维护那些在性质上支配了自己的人事环境？可以肯定的说：没有。如果还有谁想反驳什么的话，我们也没有再解释的必要了。

因为征服与被征服之间的特殊关系，使之在不发生意外或具有其他因素的情况下具有无比坚韧的连接，这种连接导致了力量上的绝对叠加统一和凝聚增强。这就是我们对于真正征服的实质理解。但是把它与社会经验中的理解对照就要具有差异，因为一些说法这样认为：只要一方通过力量压迫到另一方，并使对方无力反抗，这就是征服。比如罗马一开始对于意大利的“征服”，到后来对周边众多所谓蛮族的“征服”，以及其它与其相似的国与国之间的战争结果。但是从中我们都可以看到，在以压迫和掠夺为目的的基础上的暴力行动总是伴随着不断的反抗，而许多有效的反抗就完全把那种“征服”的观念践踏殆尽，从历史上罗马皇帝的更替中——甚至是权力机构中元老的任命上——我们都可以清楚地看到，所谓的罗马“征服”世界的过程也是世界各个民族不断的“征服”罗马的过程。所以，与原先社会对于“征服”的理解不同，我们认可自己的认识，并且否认那种征服的概念或意义。依靠强势力量压迫弱势或用武力战胜对方那不叫征服，最多可以称为在某个确定事件上的胜利——相对于胜利方来说。真正的征服就是征服方与被征服方的统一连接并互相依存的关系。

征服与被征服的可靠连接令人向往，于是就有人渴望以强者的姿态把某个弱势的对方纳入到自己的需要当中。但是这个想法可能是危险的。我们现在以人的性需要为例，某个男士想用强力使某个女士屈服，但是是否真的能够让对方屈服却并不完全取决于男士自身的能力，还要看对方的心态和意志。如果对方的女孩有了其他心仪的对象并深深地爱着对方，那这个男士无论做到什么水平，只要是借助强力使对方就范，结果都一定会让女孩感受到巨大的伤害，并且，受到伤害的程度与对男士的仇恨程度成正比，这样的征服可以实现吗？我们说：绝对不可能。而在这种行为中产生的伤害则会需要受害的一方以及同情受害的人们给予严厉的惩罚。所以，产生征服的条件不但要看自身的能力，还要看对象的情况，这两种情况有一方面不足，结果都会形成伤害，也因此，我们可以说，可接受的征服与犯罪的区别就是看弱势的一方是否满足于强者的支配，而不是是否接受。当这个犯罪方无法受到法律的惩治的时候，对其唯一有效的惩罚手段就是反抗和报复。

法律的实行就是法律与被法律统治的人之间的毋庸置疑的征服与被征服的关系。美国《独立宣言》的制定者之一，伟大的法学家、哲学家托马斯·杰斐逊两百多年前提出的“正当权力是经被治者同意所授予的”直到今天也没有人能够在道德逻辑上给予反驳。当凌驾在自身之上的法律无法让自己承认，对其进行指责和批评并以实际行动进行抗拒就是社会中人对自己应负的责任，就像帕克斯夫人对于种族歧视的法律的反抗。而对于那些认可了法律并接受了法律的保护，同时逃避法律的约束，不负起因法律保护而应该承担的社会责任，并以自私的利益要求违背法律的公平原则，对这种行为进行约束和惩罚就是法律的权威，也是法律得以维持自己存在的责任。即使是法律的制定者，当他们违背了自己的法律精神，也会受到法律意志的制裁。有人说这不容易。其实很容易，只要看看那些骄横跋扈的统治者大多会落个什么下场就知道了。有时候权力的斗争不仅仅是利益争夺，违法与护法在许多时候也会起到很大的作用。如果法律谋求的是对于大多数人的伤害，毫不犹豫的摧毁它就是大多数人必须的选择，否则，就是认可，即使是无声的。因此说，法律只要得以实行，就有它的绝对权威和力量，做不到这一点，它就是人们攻击的靶子，是承受批评还是谋求改造和完善自身是管理者做出的选择，借助它的名义对反抗者进行报复，这样实行的就完全不是法律，而是战争与较量，对和错与制定的法律原则完全无关。

在这个法律概念基本确定了之后，才能够开始我们在主观上对它的理解。

第四节　法的精神之公法与私法

这个题目接近孟德斯鸠的《论法的精神》，却并不是要抄录孟德斯鸠的那部著名的著作，但也不是与其完全无关，可以对其这样理解：这里主要对于一种精神的前提有所补充。尽管这样做有时会对一些原先的结论予以反驳，但是并不影响对于善的精神追求的本质，套用加尔布雷斯在《不确定时代》一书中引用的观点，“赫鲁晓夫警告世界：当第一枚导弹相互发射后，将分不出来哪个是共产主义的灰烬，哪个是资本主义的灰烬，甚至最狂热的意识形态专家也说不出其中的区别，因为他们都已经同归于尽。”这里也是，无论是反对还是支持，是统一还是分歧，都不会改变对具体行为要求的实质，见到人落水总是要救的，是用竹竿拖上来还是要跳下水救上来并没有区别，只是我们要知道，当这两种方法在实施上都有不允许的条件的时候，我们还能用其他的什么办法。

首先，我们要确定一个法律的概念。尽管我们每一个人都时刻受到它的影响甚至是支配，但是对于它的存在意义和总结到目前为止基本上还没有确定。有些文化氛围和法律条文进行了所谓的基本定义，但是能够被所有人无法反驳的认同基本上不存在。

今天，法律的条文规章是我们对于法律认知的基本途径，但是有些条文显示出来的无理不可避免的会导致一些人来自内心的反驳，并且许多人也由此清楚地看到一点，许多法律条文的出发点实际上就是统治者的统治工具，当然，更多的法律是维护社会的秩序和正义的实质更加毋庸置疑，但是只有当这种法律不存在本质缺陷的情况下人们才能普遍认同。

除此之外，很多人也在内心中清楚地认识到，即使抛开了所有的法律条文，世界上还是有种看不到、说不清但是却必然存在，绝对不可失去的法律秩序，有些人简单地把它称作“公义”、“天理”，也有些人试图用语言文字作出总结，比如古罗马的西塞罗曾经说过，“事实上有一种真正的法律——即正确的理性——与自然相适应，他适用于所有的人并且是永恒不变的。人类用立法来抵消它的做法是不正当的，限制它的作用是任何时候都不被允许的，而要消灭它则是更不可能的它不会在罗马立一项规则，而在雅典立另一项规则，也不会今天立一种，明天立一种。有的将是一种永恒不变的法律，任何时期任何民族都必须遵守的法律。”以同样的精神为基础，洛克在《政府论》中以自然法的名称作为自然正义精神的准则来对政府行为的法律准则进行衡量和批判，由此产生的公共说服力远超那些狭隘的服从秩序的理念。到了孟德斯鸠那里，依靠一种伟大的发现，他清楚地看到了各民族、国家通过风俗而达到的对于生存延续的手段的实施。尽管通过历史的考察，我们已经发现，早在古希腊时期，历史学家希罗多德就在《历史》中通过古代波斯的统治者居鲁士的口中说出了“生活在平原地区将遭受奴役，而生活在山区可以获得自由”的观点，阿拉伯的历史学家伊本·赫勒敦在《历史纲要》中更是令人惊叹的表达了人与自然环境相辅相成的作用关系及其所产生的法律实质。尽管有这些先驱，但是并不妨碍《论法的精神》的伟大。是的，在人类社会与自然环境的抗争中，或者说对于自然秩序的服从上，生存和延续作为第一动力，人们是以坚定的意志和无穷的智慧来加以实施的，没有更为崇高，也没有更为伟大，就为了那实实在在的结果。除了那些充满智慧的根基底蕴的风俗，一切有效的条文法的实施都是建立在能够维护那些延续人类生存的方法以及对于外在侵入的有效抵抗上，当这个目的达不到，建立在条文性质上的法律，就是人类社会的敌人，因为世界上不会存在没有意义的东西，它不谋求对于人类的延续，就必然是谋求对于人类的奴役。所以我们说，法律不是道德根基，而是道德结果，人们让那些可以接受的法律实施，而让那些不能接受的法律淘汰。当法律条文的制定者总是不明智，他们的法律也就总会不停的变更，有些变更只需要条文的改变，而有些变更则要付出生命的牺牲代价进行改变。

由于名称概念的混淆，许多人把法律条文等同于法律，但是许多人都明白，一个不能维护善的本质的法律是不能称为法律的，只是暴力工具而已。我们这样说，也就是把法律限定在了维护善的准则的法律精神上，对于那些不能做到这一点的，也就在原则上不同意那还能算得上是法律。也就是说，许多不能令人满意的条文法根本不是法律。由此，也就可以对于一些条文进行根本的否定，并因此认为那种境况根本不存在法律。但是，我们接受了弱肉强食式的自然秩序，并认为那是真正的法律，这个法律存在，也就不会存在没有法律的现象。这在表达上如何统一呢？表面上，这样的表达会导致逻辑上的矛盾，并因此无法判断是与非。实际上，这仅仅是表面概念的混淆。下面，我们通过一些新的概念对不同情况做出区别，这样就易于清晰的理解不同的状况。

我们认可一种自然的秩序，既在前面引用的一些伟大或者平凡的人们所表达的思想，就是人们普遍认为的“公义”、“天理”，或者西塞罗、洛克、孟德斯鸠等人引用的概念，也可以总结的说是孟德斯鸠所表达的法的精神。在这里，正是对于善的本质要求的实质。我们把这种精神称为真正的法律，并且以公共的性质称为“公法”，同时，把那些不能被人们普遍认同，但是却产生了主导社会运行实质的法律称为“私法”。虽然后者在性质上让人难以接受那还算是法律，但是其存在的实质决定了其必然属于法律的范畴，因为一定有人接受才可能实施，有人接受并且实施了的规则，说它不具有法律的性质是完全没有辩护基础的，因此说，那仍然属于法律，只是在范围或范畴上，它的公共效应有所衰减，比如我们说的统治型的社会或权力社会，虽然有人受着压迫或迫害，一定也有人从中得到了好处或获得了满足，对于后者的这群人，这个法律是绝对成立的，并且具有坚定地存在基础。

公法社会和私法社会具有等同的存在实质，在竞争的社会中，一些人的要求总是要建立在对于另一些人的要求进行剥夺上的，这是私法社会存在的基础。对于公法社会来说，完全而充分的依从或建立自然要求的延续结果，并在风俗和道德环境中充分显示，这是人类社会得以延续的前提。从理论上来说，这两者具有并立存在的必然性，但是对于寻求普遍正义环境的人们来说，私法具有必须被取缔和被剥夺的理由，因为认可了它，就是对于公法的践踏，也就是对于正义和公理的践踏。对于后者的追求，我们的态度是对其顶礼膜拜，不但信奉，并且愿意付出一切加以实施。尽管我们知道这样做的结果可能毫无用处。

公法的本质拒绝私法，但是人的自私和懦弱却必然地造就私法。如果说后者的不道德有被摒弃的必要，能够做到这一点的唯一方法就是把一切法律条文统一在所有人都能够接受的境地。而这是多么伟大的追求也就无须被质疑，但是获得这个结果的困难程度却会产生令人望而生畏的逃避情绪，说许多人是懦夫并不为过，这里就是表现之一。

因为本质上的差异甚至是对立，公法和私法在区分上必然具有性质上的不同，如果在细节上进行差异对照，我们用一生的时间都无法叙述完整，但是通过一些可以确定原则的对照，我们不但可以对两者划清界限，并且可以进行应用，并以此指导法律的行进方向。是向着公法的方向服务社会还是向着私法的方向践踏公共准则，人们会在不同手段的显示上作出明确的区分。

公法和私法的第一原则性区分就是辩护的权限。审判是法律得以实行的基本准则，无论是公法还是私法，这一点上都没有区分。但是对于被审判的一方来说，法律的判决是否公正是是否承认法律存在的标准之一，如果判决不公正，这样的法律就理所当然的被认为不算法律，而只是某些人实行非法目的的工具。只有在被审判者承认了自己错误的情况下，这个法律才真正被认可。法律如何才能被真正的承认，这就是辩护的权限所具有的意义。当一个宣判产生了之后，不给予被审判者任何辩护的机会就直接采取惩罚，这就是没有辩护权限的法律，这里也就是我们称之为的“私法”，这样的法律不具有公共性，但是却可以满足相对于公法来说的非法目的。对于公共准则来说，实行了这样的法律的人本身就是罪犯，尽管他们打着维护法律之名。

公法的辩护权限是充分的，无论某个罪犯犯下什么罪恶，当事者都可以充分地表达自己实施某种行为的理由。虽然某些人会为了自己的罪行开脱而胡搅蛮缠，把那些不正当的借口当做理由，但是对罪恶进行审判的力量却不会因此失去它的权威，更加不会无效，因为法律的性质决定了审判的基础是公共的认同，而不是个人主观的评价。有些开脱的借口虽然可以让人难以对其惩罚的正当性进行确认，或者对于正当理由的服从难以具有可靠依据，但是对于罪犯犯罪的行为来说，这个实质是确定的，就是罪犯必然对于他人或公共的正当利益具有剥夺，即使没有任何法律根基上的理由，对他人造成的损失必须给予补偿或赔偿，这是基本的准则，如果补偿不了，用某种惩戒的方式对其行为性质进行警告，这也无可厚非。这一原则性的态度必然是社会共识，因此在口头上就可以逃脱罪行是困难的。与公法相区别，私法具有绝对的拒绝被审判者辩护的性质。也就是只要审判者宣布了被审判者有罪，相应的惩戒就会立刻实施，而不需要被审判者的服从。从尊重事实的角度来说，私法在这方面具有绝对恐怖的性质，无论是对于社会还是对于个人来说。

公法和私法还有个本质的区别，就是审判者是否能够受到有效的监督。当一个法律的审判者具有不受监督的权力，实质上就是他们可以为所欲为。这样的性质还能称为法律的仲裁者是荒谬的，无论他们所处理的案件是否公正，存在了这种性质的地方都决定了他们必然是人间的罪犯，因为他们握有人类社会不应该具有的权柄，如果这种情况可以接受，那法律也就没有任何存在的意义。也就是说，法律的裁判一定需要具有被监督的使命。现代法律的主流体系都提出了法官是法律的代言人的观点，如果以民主为前提，这个说法是可以的，因为民主本身就具有广泛监督的实质，其中自然也包括了对于审判者的监督。但是当这个前提不存在，所谓法官是法律的代言人就不过是个无来由无实质的称谓，不过是个谎言，因为这时的法律仅仅是权力的工具，是不具有公共的法律性质的，没有法律的环境怎么会有法律的代言人呢？所以准确地说，不受监督的审判者是权力的工具和手段，而不是其它什么东西。当然，它也是私法的工具。

法律的条文必须与当时时代的特征相符，这是法律条文得以具有存在意义的基础，不以当时时代特征为目标的法律是不存在的。有些愚蠢的立法者因为具有主观的倾向而把法律的目标建的无比崇高，但是一涉及应用，这样的法律就完全是个摆设。这样的法律绝不在少数，因此我们说，法律的条文并不构成法律的基础，只有当法律实施了，才真正产生法律的意义。当私法的立法者认为法律可以按照领导者的意愿任意制定的时候，他们实际上就已经开始了接受自然法律的惩罚，而不是他们如何选择惩罚别人。在与现实社会的比较中，这样的惩罚似乎只是不涉及实质的主观臆想，因为相对于被私法治理的人们来说，那些治理人的家伙无论多么愚蠢，他们都享有普通人无法企盼的福气，谁在惩罚他们，这是看不到的。如果以比较的姿态看，结果当然如此。因为从这个角度来说，即使一个不停害人的罪犯，他所受到的惩罚也不会超过从不害人，甚至温良恭顺的畜生，比如耕地的牛，人们总是强迫抽打它们，甚至把它们杀死之后还要吃它们的肉。

既然这个比较的角度不可取，那我们从哪个角度能看到他们所受到的惩罚呢？

我们说，一个人是否受到惩罚，不是通过对于其他人的比较看他是不是具有更少的权限，而是相对于这个人以前的状态来说，他的权限是否减少甚至被剥夺，就像一个人以前拥有很好的工作，并因此享有丰厚的资金回报和享乐空间，现在，这份工作被强行剥夺，并且因此失去了收入，这种情况一定会导致其生活质量的直线下滑，并因此让其产生心理上的恐慌。尽管他这时候的生活条件仍然比许多人优越，但是对于这个人来说，他不会去享有这种优越，只会用将来的前景比较以前的优越产生失落和恐慌，若说失去工作就实质上造成了对他的惩罚，这种说法绝不为过。或许有些人一定要致对方于死地而后快，认为那才是真正的惩罚。其实，当一个人死亡，本质上就是对于生命束缚的解脱，若说恐慌是会造成痛苦的惩罚，死亡不过是遵从自然的规律，这种惩罚的实质是值得怀疑的。因此说惩罚并不是表现的极端才具有显现，而是无声无息地融入在被惩罚者的主观情绪中。也只有这样，某些人被惩罚的实质才存在，才可以被衡量和表现。私法的立法错误或执行错误会造成对他们的惩罚表现在哪里呢？这并不难看出。一个无法实施的法律，当某些人把自己的意志强加给他人的时候，结果只会造成主观意志的无法实行，更有可能会引起众人的反对或反抗，当人们的反抗实质产生的时候，矛头必然清楚明了的指向施行者。若说他原先具有的权力是一份优越的工作，这时候他还要继续自己的工作是否具有困难呢？答案似乎是肯定的。就是他难以继续以前的工作或享有以前的荣誉。并且，社会道德的衡量是绝对的，就像一个背叛人民的人，人们怎么可能不对他们进行诅咒，并且深恶痛绝呢！这样人还能在人民中间生活，恐怕是件困难的事情。相对于他以前的优越感，难道他没有受到惩罚吗？相应的失落会比死亡更加痛苦，在这种痛苦面前，死亡不具有任何意义。

不让私法为所欲为，这不但保护着人民的利益，同时也对于那些私法的制定者具有保护。因此在法律的制定上，一定要有公众的参与，才具有真正的法律意义。当一个法律的建立受到所有人的支持，那么履行这个法律不但对于众人是件有益的事情，对于维护法律的审判者也具有巨大的利益，因为他们维护的是人民的要求，只要这个工作做得到位，他们就是人民的代言人，对于这样的人无论给予多大的荣誉都不为过。因此说，公法与私法的另一个本质区别就是法律的制定是否具有人民的参与。当然不可能每个人都参与，许多人都要忙自己的事，难以有那么多闲工夫整天去琢磨那些东西。因为这个原因就仅仅让一部分人来做，并且因此就承认这些人的成果，这无疑也只是把公法变成这一部分人的特权，并产生实质上的私法。如何才能制定有全民参与的公法？其实很简单。人民虽然不能都参与制定，但是可以参与到理解与监督中，如果哪条法律人民觉得不合适，就有权立刻向立法机构寻求更正，并且借此机会形成新的立法讨论成员。这是基本的法律形成机制。没有这个形成准则，一切的法律都只是打着法律之名的私法工具，并且必将无法充分实行。因此我们说，公法和私法的第三个性质的区别就是法律的条文是否具有全民审议和监督并具有更新的权利。

我们在上面分出了私法和公法的三个区别，并且可以在此总结一下：

一、被审判者是否具有辩解权；

二、审判者是否被监督；

三、法律的制定是否具有全名参与的实质。

尽管具有道义上的性质区分，但是在实际行为上，相比于公法，私法并不是完全不可取。比如一个罪犯，在公法中必然要受到法律的制裁和惩罚，但是在私法中，他却可以通过人情、贿赂等手段免于受到任何惩罚。对于这样的人来说，私法才是理想的法律。

从一切方面来说，公法的制定都似乎异常困难，但是实际上，公法的制定恰恰是最为简单的。《论法的精神》里面已经进行了系统的论证，各个地方的风俗总是为了人民更好地生存和生活而产生的；希罗多德的《历史》也明确阐述了，各个民族的人民的观点都总是倾向于认为自己的风俗是最好的。这些风俗不恰恰就是公法得以畅通无阻的实行的来源吗？事实也正像许多明智的人所做的，只要以地方支持的风俗为法律审判的方向，法律就总会受到所有人的支持。这是无数实践了的经验，也无需再去进行分析论证。

对于上面的要求来说，以风俗为制定公法的基础绝不是无条件的，并且要具有一个绝对需要履行的条件，就是对于善的本质具有要求，同时不能践踏正义。因为有些风俗是全民认可的，而有些风俗不过是人民中的特权阶层所主导的非法秩序。要区分这两者也绝不困难，就是看是否符合正义的要求和善的准则。这种衡量非常简单，却绝对可以有效地适应所有风俗环境。人民的风俗绝对不会违背正义和善的准则，这是风俗得以延续的基础，也是公法得以实行的基础。我们可以在此借助一些例子进行表示。

古代的许多民族都有这样一种奇怪的风俗，尤其在男权社会，某个丈夫死了之后，妻子以死殉情被认为是贞洁而高尚的行为（与此相对的是，几乎没有哪个男人为死去的妻子殉情被认为是高尚的行为，或许，人们更愿意相信那是懦夫的表现），这种荒谬而残忍的事情在许多社会都被广泛的接受并推崇，直到十九世纪，被英国统治下的印度在发生相同情况时（某个老妇被认为以自杀的方式去陪伴死去的丈夫），许多人以一种疯狂的热情加以推崇和纪念，结果是英国统治者以法律的名义强烈要求制止这种事情的再次发生。我们在此提出的这个事情并不想涉及其中的政治因素，仅就这个例子来说，我们认为当时英国统治者的做法是正确的。生命的价值不是为了某种美的原因而存在的，它本身才最为可贵。对于那些推崇这种残暴行为的人来说，尽管他们自己绝不会愿意做出相同的选择，但他们却愿意看到别人用牺牲给自己带来某种内心中的渴望，并以此来获得某种满足。对于这种在本质上违背了善的风俗（因为它鼓吹别人去送死），法律必须以强制性力量予以纠正就是一种责任，而这种纠正从来就不会引起全民的不满，相反，通过一种较量，它一定会受到大多数人的支持并最终被普遍认可。

中国有些很好的风俗，比如合家团圆的团圆节，在农忙疲惫时候而抽出一天时间缓解压力和娱乐一下的端午节及泼水节等等，可以说，每一个被延续下来的节日都是几千年农业文化对于自我调节的有效方式的总结，因此几乎可以被任何时代的所有人所认可和接受，但是一些有闲阶层因为不再从事这一工作，就把那些风俗当做没有意义的消遣甚至谋求取消。他们本身的无知和愚蠢却被他们认为是自己明智和清醒理智的见证和总结，但是结果一定是他们的意见接受不了考验的，真正的法律会做出一切判决，扼杀人民的根本需要就一定会受到人民的反对甚至是反抗，只有支持了，他们才具有那么一点点微不足道的价值。

一切的自然环境和人民要求都必然地愿意接受公法的实行，只有那些违背自然和人民意愿的人才会在私法之路上任意驰骋，这样的结果就是造成人民和法律永无止息的斗争。因为这时的法律是私法，是强权者个人的法律，而不是所有人的法律。

私法和公法有时候并不是泾渭分明的，它们之间可以相互交替，并让人难以通过简单的定义进行区分。我们在这里提出两个称谓来划分出一种现象，以免某些个人带着个人的极端主张把客观的现象看作必然罪恶的准则。

公法中的私法：

我们说，从古到今，都有一些人把人类与生俱来的逻辑推理或理解能力带入到对于社会现象的总结上，以期找出自然中永恒的规律或确定的行为准则，那些因见解非凡而被许多人接受并受到许多人尊敬的人就被人们称为思想家或哲学家。一般来说，在各个民族、各个国家都有这样的人存在，只是他们产生的影响大小不同，因而获得的荣耀高低也不同。有些人响彻寰宇，而有些人只是一闪即逝。其实这对于他们个人来说都没有区别，只是社会的选择具有厚此薄彼的倾向。

宇宙中是否存在永恒不变的规律秩序，按照人类目前认知水平的理解，这是不能下定论的，所有的观点都只是个人意见的总结。当然，对于更多的人来说，他们只是附和别人的观点。但是偏偏有那么一些人，他们把自己的意见当做确定的自然规律，并主观的把一些不能服从那些“规律”的现象当做犯罪，并且要按照自己的意志来纠正和判罚那些“错误”。

柏拉图的城邦建制是个例子。从原理上，他要求所有人服从在社会中“理应担任”的职责，并向人民提出各自的责任，目的似乎是为了所有人都具有“最好的”生活生存状态，但是实际上，他的等级制就决定了几乎所有人追求崇高荣誉的自然需求都被剥夺，因为每个人的最大化目标都被他的等级制践踏殆尽，能够自由追求的只有他这个“哲学家”阶层，别人都理所应当的只能担任工具的角色。无论在表面上他是多么真切的想为社会中的每一个人服务，但是造成的结果都只是他个人的专制独裁思想。因此，无论他的法律秩序多么倾向于公共的善的准则，在实际行为中他都只是私法意志的践行者，因为他的法律不接受公共的认同，而只是强调他自己具有任何人都无法企及的非凡见地；他不接受人民的审查和指责，而只是对于人民的需要进行审查和指责。

我们在前面说了公法与私法具有本质区别的三个元素，于是不可避免的，就会有人在行为与定义上进行似是而非的混淆。比如对于辩护权来说，某些私法的践行者也允许被审讯者辩护，但是对方的辩护不能起到决定判刑的结果，也就是说，无论被审讯者说出怎样的理由，审判者都可以肆无忌惮的按照自己的主观情绪把无论是否成立的罪行安插到被审判者身上。尽管这时候他们为自己辩护说自己是服从了公法的准则的，就是允许被审讯者辩护，但是这样的允许有什么意义呢？是什么意义都没有的，也就是根本不存在这种权利。所见证的也不过是表演者的虚伪。

第二个元素也同样可以找到这样的虚伪环境。就是审判者可以受到监督，但是监督他们的人只要不被他们满意就立刻可以被他们任意替换，直到监督他们的人让被监督者满意为止。这是一种完全非法和犯罪的情况，但是在现实社会中，这样的情况却是屡屡发生。就像中国或外国古代的一些皇帝，他们认为自己过高的权柄需要一些限制，于是就指派一些人监督自己，但是当监督自己的人稍微触犯了自己的一点点利益甚至是情绪，立刻就要对监督者进行严厉的制裁。其实这种监督有什么用呢？什么用都没有，只是审判者为自己的特权寻求合法的借口。但只要是特权，无论什么借口注定了都是虚伪的。

公法中的第三个元素同样可以被非法利用。就是监督法律的人可以在人民中间寻找，但是只允许特定的一部分人具有表达的渠道，然后声称这些人是人民的代表。如果所有的人民都死光了可以这样做，但是只要有更多的人民活着，就不能存在对于法律的监督由指定的人来进行，因为指定本身就是私法权力的非法利用，是不具有公共的准则的。

因此我们说，公法和私法不是在哪一方面具有本质的区别，而是作为两个不同的体系，每一个环节都要从头到底充分的融入其中，使之在一切方面达到目的的高效。

私法中的公法：

这种情况还会发生吗？我们说：可以发生的。

在中国历史上，就有那么一些皇帝，他们清楚明白的坚称，自己的工作就是为了家族统治的延续。但是通过一些确定的工作，我们看到了他们的非凡成就绝不仅仅限于个人权力的施展。在中国历史上，除了尧舜、成康等先秦之前的明君圣哲外，确定从生活中开始考察个人行为的历史著作就展示了一部分人的追求成就。汉文帝是较早的一位。从一个刚刚经历战乱和从内乱中走出来的国家，他首先的目标就是稳定国家的政治机构，发展国家经济。通过一系列的开创革新，各项有效的改革手段都有序而顺利的进行着，尤其在经济改革上，通过听取一部分见地非凡的大臣的意见，他摒弃了政治掠夺的传统思维，转而向资本经济发展的方向上引导，由此产生了奠定后世民族强盛基础的发展局面。他们只是按照社会需要的引导，在一切领域按照人民的需要进行改造和革新。对于汉文帝来说，虽然在权力上他拥有无上的权柄，但是他从未使用过这种跋扈的特权，相反，他听取每一个人对他提出的意见，而每次的反对也都是通过合理的辩证进行反驳，从未使用过强权压制过别人。其中有个故事，是说他在大街上巡视，有个小女孩拦住了他的皇家坐轿，向他提出意见，结果这位拥有无上权威的国家主宰在小女孩的合理要求中对不合理的地方进行改革，并作为了一个象征反映着他的治理方式。对于这样的一位皇帝，即使他接受的是私法的权柄，但是通过公共的革新，他所实行的无疑完完全全属于公法的性质。对于这样的个人，没有任何人可以通过权威对其高尚进行掩盖。

在这里我们说，私法和公法绝对不会因为口头或文字上的定义而对两者的实质进行混淆，只有立足于现实行为的现实改造，立足于满足社会目的的有效实施，才能最终在结果上获得历史的实质认证。通过对于历史的考察和总结，我们说，历史的发展见证了人类社会中的法律具有从私法逐渐向公法过度的迹象，就像最早期的法律要求人民必须畏惧和服从神，而神的意志只有那一两个人可以进行代理，在实施上，他们几乎可以为所欲为。今天，几乎很难再出现这种情况，而是很多人共同的参与。在法律条文上，也显示了小范围的公法逐渐向着更大、更广范围的公法过度的迹象，就像古代有几个国家的法律会关注其他国家人民的生命呢？今天，这种要求似乎是应该具有的。

我们可以站在历史的角度总结私法向公法的过度，但是并不能在现实中认为这是必然，因为每一步的进步都是一个时代借助坚定地意志，以善的准则为目标，以正义为导向进行一切艰苦的尝试才能取得一些成果，如果没有这种目标为导向，即使已经产生了公法社会的实质，最终也会被践踏殆尽，使私法横行，让人间充满不公，并让那些品行恶劣之徒以非法的特权凌驾于正义之上。

在对于法律的论述中，其中涉及一些特殊的名称概念，这里有把他们弄清楚的必要。

第五节 组织中的权力

从个人的角度考虑，人和人之间并没有太大的差异。一个无论多么强悍的人，只要有几个人结成一个联合，这个人就绝不可能在力气上超过他们；一个聪明的人，无论深谋远虑到什么程度，在相同或相似环境下的几个人同时进行分析和探讨，也会产生同样明智甚至更加明智的结论。自然界并没有让人类这个物种具有太大的悬殊。但是在社会组织中，一个人的力量却可以对无限多的人进行压迫和奴役，我们如何认识这一点？

正像社会组织可以产生善的结果那样，能够带来毁灭的力量也相伴而生。只要力量是个聚集体，就没有人能够保证它不发生任性的偏移，在一时情绪的支配下胡作妄为。

个人因为组织的优越性而服从整体组织的要求，在获得由组织带来的有利环境的条件下，同时也要贡献自己的力量作为交换，这是一个简单的关系，既个人服从组织并同时为组织的强大增加力量来达到优化生存条件的要求。一切组织力量的增加都来自这个起码的条件。我们不相信有人因为某个组织可以给他带来毁灭或压迫而心甘情愿的服从它。因而，我们推论的结果是：组织力量的绝对优势来自对组织之善的绝对服从。从我们的现实经验来考虑，这个结论是要遭雷劈的，因为它如此不符合现实经验，原因是我们都看得到的，就是力量伴随着压迫的存在，若这也是善的，那就没有什么是不善的了。我们充分的理解这个现实，并且认为它具有绝对的正确性。但作为某种状态的起因，我们必须充分了解它的本质，否则真正的原因就不能揭示。

作为一个组织力量，对外它可能会进行攻击和掠夺，但我们谁见过一个这样的组织，它攻击的目标不择对象，在面对自身必然毁灭的强大对手面前不考虑退缩（冒险的行为除外，那是博取更大利益的手段），我们可以肯定地说：没有。即使是其它动物也不会——为了生存的延续。老鼠不会去攻击猫，羚羊不会去攻击狮子，麻雀不会去攻击老鹰，事实只有反过来，就是由强者去攻击弱者。攻击的目的是为了什么？就是为了生存，或者优化生存的条件。这就是根本的原因。对于这个强者的本身来说，它的攻击并没有错，那是为了自身的生存，这样的行为并不违背善的要求，甚至可以说，它是服从善的要求的。作为一个组织，它需要考虑自身的生存，并把这作为要求，以这个要求为前提，相应的手段就是一种必须。对于身处这个组织中的每个人来说，也正是这个组织的行为为自己的生存要求提供了保障，它符合自己的存在要求。善，并没有因为这种行为而消失，相反，它在实行着它——尽管在手段上让组织外的人发生抗议。现在问题的本质是：自身的生存条件是否以力量的压迫作为必须和前提？说实话，在现实中，我们找不到几个愚蠢到这个程度的人进行肯定的回答，既认为生存的前提必须满足力量足以压迫到某个对方的要求。只要足以照顾自身并进行有效的劳动，生存只需满足对环境适应的条件，而力量，从未是绝对前提。但历史中却有那么一部分人，他们可能因为自我的过于膨胀，因而在一些问题上表现了丧失本能的无知，我们这里用爱因斯坦所说的一个故事来进行表达：在一战期间，有人试图说服一位伟大的荷兰科学家，“在人类历史上，权力胜过正义。”这位科学家做了这样的回答：“我不否认你们的论断的正确性，但我确实知道，我不愿活在这样的世界上。”在那位科学家那里，他可能确实不认为自己能够反驳对方。但在我们的体系里，我们有了这方面的认识，并在此就这个问题进行阐释。

这里，我们有必要插入对权力单独的理解。经验中我们都知道，权力并不等于力量，它具有自己的意义，这个意义就是：权力是抛开组织上的管理职责，转而对于组织力量的迷信。一旦握有权力，就认为自己掌握着巨大的力量，并且认为这个力量在所能达到的范围内无所不能。事实上，除了毁灭和破坏，它什么都做不了。权力是组织赋予的力量，但这个力量在实质上只要求为组织的整体发展寻找方向和目标，它本身只是身处职务中的责任和义务，组织成员们因为集体需要它而对它加以爱戴。把这个职务上的便利当做可以任意掌控的力量，完全把应负的义务抛到一边，利用已获得的机遇，把它转化为完全为了自己的野心而去实现自己欲望的手段。这个力量在个体面前确实显得强大。对于我们人类来说，一切能够带给我们毁灭的东西我们都会认为它们强大。但这种强大占有什么意义呢？它仅仅激发了我们改造自身的动力，战胜一切的是薄弱的我们，而不是那些看似强大的东西。它们可以带来别人的灾难和毁灭，但别人可以获得新生，而它们却会不可避免的毁灭掉，并且永世不得超生。对于那些鼓吹权力的人来说，他们以自己的无知显示出了他们极端的渺小。

组织是对于善的要求，因为这种要求有效，因而产生了凝聚的力量。现在，这个力量就不再属于整体，而是受到个人的掌控，在这个故事里，就是那个想说服科学家的人嘴里的权力。在迷信权力的人眼里，这个力量无所不能，足以摧毁一切。就像自然界会为一切的存在物寻找到一个平衡点一样，任何存在一旦超越了它自身应该存在的限度，就会导致存在形式的瓦解，也就是灭亡。流体的水在温度达到零下就结成了冰，超过一百度就挥发成蒸气。适当的存在环境是所有存在物能够得以存在的必须，权力也不会例外。权力的存在也只依从这样的规则：它能为这个组织的成员提供生存环境或优化生存环境的条件。如果不能做到，它就会导致自身的衰落或瓦解。而我们看到，某个组织一旦对自己的存在力量有了膨胀的观念，既认为自己无所不能，那就会导致两方面的结果：

一、侵犯更大的力量，使自己在对抗中灭亡。

在这方面，现实似乎强调了一种对比，既力量优势的作用。这种优势论也被现实经验或理论在许多方面所认可，但这种仅仅立足于表面的观点并不具有我们要求的实质性。

人类具有自然的怜悯之心，在他人或其他物种受到伤害的时候具有感同身受的悲哀之情，对于毁灭具有发自内心的抗拒，因为这个原因，不正当的侵犯是不会得到支持的。但这还不会导致行为上的要求。可是当受到侵害的人的受伤程度在他人心理上超越了可以承受的范围，来自对伤者的同情就不会坐视不理了。富有同情心的人们对那些给他人带来伤害的人所进行的攻击是不会考虑对方是不是侵害了自己的利益的。对于这种来自人性中的普遍要求，谁能以力量的绝对对比来衡量必然地胜与败的结果？一个组织即使侵犯了一个极小的弱者，这个弱者一旦获得了其他各个组织力量的联合帮助，那这个侵害者又能有几分胜算？另外，同情的力量也会来自侵害者的组织内部，那种普遍的人性会在力量面前低头吗？或许某一时会，但不会永远都会。因此，侵犯者所遭遇的更大的力量可能并不仅仅指在组织规模上更加庞大的对手，还有人类无法接受的过度行为。

二、它的存在基础不再是为了谋求组织成员们要求维护和改善的生存环境，而是获取权力的掌权者谋求自身膨胀的欲望要求，把组织责任对善的要求抛到一边，在不切实际的追求上任意妄为。

在贪婪的欲望要求里，真正可悲的不是有着永远无法实现的目标，而是在找不到情况的基础上去胡乱的寻找目标。对于一个当权者来说，自负的认为自己已经到了人类社会的顶端，在人类社会中再没有其它具有意义的、值得追求的目标，于是在欲望的驱使下以寻求毁灭来刺激自己的神经，以此来寻求在空虚精神下的满足。这种不可思议的例子在人类历史中已经被不断的上演了无数次了，无数灾难的结果也并没有让世人变的警醒，潜在的危机甚至还时刻存在。事后人们会尽情地埋怨，事实上身处当世的每个有理智的人都脱离不了责任。不是那些个人的过于癫狂，而是社会组织之善的真正意义不被认可，而宁愿去相信那些权力的价值。每个负起责任的人对于当权者在权力范围内的偏差都具有无可置疑的约束责任，当权者不满足于维护生产和服务的环境的失职本身已经应该受到指责，怎么还能让其具有独立的意志为所欲为呢？因此，有勇气的人会对于当权者进行反抗，有些来自组织以外，而有些则来自组织内部。对于组织内部权力阶层的反抗同样会被人们认可——既推翻不合理的统治行为。并且，许多这样的反抗都是可以成功的，就像那些把当权者赶下台的行为，而每一次成功的反抗实际上都摧毁了那些当权者对于权势力量的迷信，无论后续的结果如何，当时这样的行为要求都是正当的——即使事后发生了同样混蛋的权力操控行为。若要持续地争取和维护组织之善，不可避免的，只能继续奋斗。但这样的情况会不可避免地发生对于组织结构的伤害。但是若不这样做，谁能保证这个组织环境不会被毁灭呢？历史上，强者战胜弱者时的屠戮难道还不能证明无法维护组织之善是最大的悲哀吗？就像那些被摧毁的国家的例子。

上述被权力操控所产生的两种情况都只导致一个结果，就是寻求善的组织被削弱或瓦解。而身处其中的人必然失去一切期待中的要求，甚至失去生命。一旦失去生命，任何的意义都荡然无存。这种结局只因为组织中的决策者对于自身权力私欲的要求和迷信，他们抛弃了一切责任和义务又不被其他人进行合理的指责和约束。社会的组织之善有利于每一个人，但若不对其进行维护，它实在是很脆弱，脆弱到可以轻易地被个人随意践踏。因此，如果没有国家主义或民族主义的普遍行为要求，社会的组织之善可以被凝聚和延续？那确实是很难发生的事情，甚至可以说：不可能。

回到上面的问题：权力可以战胜正义吗？我们的回答是：权力只会导致自我毁灭。不要说正义，什么它都战胜不了。

第六节 权力与责任的区别

尽管我们在上面定义了权力，但那是原则上的笼统表达，在实际应用上，还需要更为清晰一点的理解。

定义：

权力以自己的欲望为指导目标；

责任以公共的要求为指导目标。

掌权者分为两种，一种只受自己支配，另一种受更大权力的支配。一般来说，前者具有统治者的性质，而后者在数量上更多，但所受的限制更少。一般观念认为，统治者性质的掌权者具有为所欲为的权力，几乎不受限制。这无疑具有主观错觉的倾向。略为对现实进行一些考察就可以明白，没有任何一个统治者可以具有为所欲为的权力。获得组织权力本身就是战胜各方力量的结果，之所以能够获得胜利，是因为有更大的组织团体在力量上的支持，如果不满足那些支持的人的要求，他的权力是保不住的。所以，他必须要受某个群体或某种意志的支配，但是这种支配是隐性的，不会在表面上显示出来，因而从表面上看，他没有竞争的对象，并显得具有只受自己支配的权力，甚至于表现的“自由”。但他的实质如何呢？几年前曾经看到一本翻译成中文的古希腊著作，是色诺芬的《希耶罗》，其中对于统治者的地位有着深刻的描述，通过对话，把一个统治者从表面现象到内心思想清晰的反映出来，大概的意思是：在表面上他可以为所欲为，风光无限。但是在内心中，他时时刻刻担心别人的加害，害怕别人对于自己权力的窥探，并且在行动上步步小心，处处设防。这基本上是我们所要表达的唯我独尊的权力性质的典型。这样的权力和相应的责任区别在哪里？就在他把对别人服务的职责转变成对于自我欲望的追求，但是这种追求总是难以获得满足，走了很远却不知道方向在哪里也就成了它的特性。另一种就是依附某个权力中枢，然后在特定的领域具有职权，在中国，基本上可以理解为就是我们所说的官。表面上，他们受着上级的制约，甚至也受着职责的要求，但是在行为中，唯自己的利益是从是绝对的指导准则。不久前，当各个地方以鼓励买房的方式来刺激地方经济的时候，各大官员争先恐后的向人民鼓励买房，某个市长甚至在媒体上现场直播自己买房的画面来作为“表率”，其他地方虽然宣传得没有这么直接，但是其促销的手段就差没有强迫了，可以说是无所不用其极。他们的积极性来自哪里？很明显，卖房增加财政，即增加了收入也增加了自己的“政绩”。但是没有多久，房价上涨过快，人民已经到了完全无法承受的地步，中央政府要求各个地方想尽一切办法遏制房价，这一次，各大官员就像被捅破了的气球，有的瘪了，有的干脆看不到踪影，更没有发出声音的地方。对于官员来说，实行这样的政策可不会有开发商为其送钱。

权力，就是这种赤裸裸的性质，无论怎样的宣传职责、荣誉、忠诚、美德或者其它的等等概念，都只是为了撷取利益而寻找的借口。

如何看待责任是极其重要的，因为在某些现象或名称上，它与权力如此容易混淆，甚至于无法分辨，但是本质是完全不同的。区分它们是我们最为重要的职责，如果我活得还有一点点意义的话，这个意义就只能在这上面体现。

组织化协作的核心是产生共同生产的目标。一个企业，就是为了生成某些产品而建立的（无论是生产还是服务，或者技术开发），当这个目标失去，这个企业也就没有存在的必要了。一个部门，就是为了一个特定的服务目标而存在，当这个服务目标失去了，这个部门也就没有存在的必要。一个国家，就是为了促成这个国家的人民生存的延续，如果这个目标失去了，这个国家也就没有存在的必要——实际上是没有存在的可能。这些目标都在哪里体现？就在那些总的决策者身上。他们按照自己所负的使命来指导各个部分的运行，不但要使之行之有效，还要追求高效，否则，就有可能输给竞争对手。自然的优胜劣汰在这里完全适用。每一个环节的目标都必然地清晰明白，因为如果模糊，就没有存在的必要。这看起来像是把人类按照机械原理来进行指导的思想。确实有些像，但不是。社会组织建立在自然需要，然后按照需要形成的基础上，而机械结构倾向于刻意安排，强调主观意志。两者的不同在于，前者不会发生矛盾性的错误，因而每个细节总是行之有效，而后者技术的不高明却会导致整体的瘫痪。此外，还有更为明显的区别，就是前者具有各方协调到位的自然要求，而后者在无法顺畅的时候总会拿出责任、忠诚、信心、勇气等等概念来加以刺激。这些是两者的不同。不可避免的，必然有人要对谁优谁劣做个比较。无法比较。这是我们的观点。因为前者是自然产物，当社会需要它的时候就会自然地倾向于它，而后者只要不放弃权力上的主观要求，就不可避免地要经历各种跌宕起伏，并且随着频率来刺激各个环节、各个人的神经。后者的状态人们基本上都可以清楚看到，前者的实践在哪里？没有专门的地方供着，但到处都有它的踪迹。人们要吃粮食，就有种粮食的人；人们要吃肉，就有养殖者和捕猎者；人们想渡河，就有人参照木头漂浮的原理制造船；有人想飞翔，就有人琢磨着仿照鸟儿制造翅膀，尽管翅膀没有成功，但是人们借助空气动力学制造了飞机。这就是两者之间的区别。没有一个平台的比较，却有性质不同但外表相似的实施。其中每一个主导环节也都有性质上的不同。前者只看到周围的需要，并按照周围的需要来为自己设定目标；后者总是按照上级的目标来建立自己的目标，并把目标带给下一级。前者从有了自己的目标开始，就有了明确的责任，他只需要对自己的责任负责；后者需要确定的从某处接收目标，并对接收的对象负责——也只为对方负责，然后把自己的目标分给其他人，分成各个不同的分目标，而下属的负责人也只对这个人负责。我们通过两者的比较，就分出了前者只有责任，没有权力。而后者在每一次目标延续中都建立主观的权力意识，比较来说，权力越往上越大，越往下权力越小但人却越多。每一次从上到下的权力延伸都伴随着主观情绪的扩展。若把最下面的权力者的情绪累积起来和最上面的一个人做比较的话，就会发现累积起来的权力的波动程度已经到了让最上面的人完全无法平息的地步。尽管从一开始他是按照一个目标设计的，但是执行他的目标的人事实上只有他自己，其他人都是按照自己的主观意愿来理解为之服务的目标。自然的平衡不会在这里出现，矛盾和冲突必将在某个不明确的地方发生，在某个实施上的困难也会让那个所谓的整体分解成一个七零八散的碎片。权力是按照自己的意愿提出对于他人工作的要求，有些明智者确实会完成对于各种职责的下放，但是更多的脑袋昏庸的人只不过在享受自己愚昧的乐趣，以装腔作势来侮辱他人的尊严。当一个人掌握权力，无论他是明智还是昏庸，本身都注定了他没有实现自身价值的空间，因为满足了别人的要求是工具，满足不了就变成了别人的累赘。情何以堪？以额外的利益诉求进行补偿是品行恶劣者不光彩的手段，但实际上，也是必然会发生的对于自身价值缺失的弥补。

责任的状态是明确的，并且没有任何额外的要求可以取代对于责任的实践，对于一个农民来说，他不会因为获得一笔钱就不种地；对于猎人来说，他不会因为一点意外的收获就不打猎；对于商人来说，他不会因为捡到一笔钱就不从商。有人可能会反驳，说这些人所获得的意外收入数量很庞大，从此就生活无忧了，他们不是也会放弃自己原先的职业吗？有这种情况。他（或他们）确实可能因此而放弃自己的职业，但仅仅是职业，而不是责任。两者的区别在于：职业仅仅是表现责任的方式，而责任是内在的需要。当内在的需要满足了，他什么都可以放弃，但是并不因此而失去责任。内在的需要满足不了，不要说放弃工作是不负责任，就是工作做得不好也是不负责任。所以呢？当那些额外的收入不能完全满足自己对于生活上的需要，他们仍然不能放弃原先的工作。对于那些因为权力实质而收取额外利益的人来说，他们收取的收入如果不至于改变对于工作的需要，却因此而失去了工作，他们就是不负责任，并且，那些额外获得的利益可能会被追缴甚至受到惩罚，就更加增加了不负责任的几率，因此，表面主动的他们实际上是完全被动的。当他们在下级面前显示权威时，他们也就接受了同样束缚自己的权威环境。是的，毫无疑问，两者具有实质上的自由与非自由的区别。

我们在这里所说的权力并不仅仅是给别人带来的居高临下的姿态，还包括所释放的对于他人生存环境的压迫意愿。这种压迫没有人愿意接收，即使在人性上极端恶劣的奴才，也不过是用获得巨大利益回报的机会进行交换，如果预期的东西得不到，立刻就会进行残酷的报复。但是却有无数的人愿意释放这种权力，并以此获取自己卑微的虚荣心。

责任是在自然组合的机制中获得自己实现价值的特有地位，一个负责任的人无论做什么样的工作，只要完成了自己的产出实质都会受到社会的敬重，只有以权力衡量价值的奴才才会对于那些有产出实质但没有权力地位的人藐视。在权力社会，这极为普遍，甚至因此剥夺了人们对于责任的态度，但是真正的产出实质不会被剥夺，那里有真正的衡量准则。

上述两者是在理论上的比较，回到现实社会，我们如何明确直观的看出权力和责任之间的区别，这是唯一有应用价值的。

权力和责任都有同样可能的支配权，同样的支配权，却有完全不同的显示方式。权力强调主观意志，如果被支配者不能完成自己的要求，会直接受到其个人意志的惩罚；责任同样会支配某些人完成自己的使命，当它所赋予的人完成不了自己的使命，它不会对任何人进行指责或惩罚，而是这个需要实现的使命会出现空缺，由其他能够完成这个使命的人来自然填补。确实，后者有些产生所谓的“自然淘汰”的效应，但这种“自然淘汰”也伴随着选择上的自由，以及寻找更为适合环境的机会。

在上面略显具有主观偏移的理解中，我们倾向于完成权力向责任转换的意图，因为对于人来说，以责任实现价值可以产生巨大的生存满足感。当然，权力的显示者也会发生自我满足感，但那种满足建立在自我膨胀的基础上，当他们不能过于激动的时候就必然地要失落，这种满足感是脆弱的，也是不值得追求的。在人生价值的意义实现上，从来没有他们这样的人对于人类在延续意义上的贡献。

第七节 法律的性质决定力量

一个完整的社会是实现法律准则的基础环境，这个社会的内在系统必然是完整的，否则，法律就无法实行。一个家庭，虽然有完整的成员结构，但它远不能算是一个完整的社会，中国古代以国有国法、家有家规把家庭纪律放在和法律一样的地位，在性质上，这明显不符。家庭只能按照自己的需要和能力去适应周围的环境，如果制定一个行事的准则，面对环境的改变和适应能力的变化就完全无效，这种情况在结构上更加庞大的家族身上也一样，尤其在面对人口变更的婚嫁问题上，他们不能像制定法律一样规定多大可以婚嫁，怎样处理自己的财产，违背了会怎么样。因为他们规定了自己一方，但是规定不了另一方，这样的规定就只是在束缚自己，而不能在别人违背的时候给予惩罚。自我的约束是适应社会的手段，当这种约束变成自我伤害，就不能再作为需要遵守的准绳。

据说早期的犹太人是不与外族人通婚的，可是通过对犹太史的了解，这种自我的约束似乎经常会在不得已的情况下发生改变，并且，自然界也没有把他们和其他人的自然生理功能做出区别，使之保有特殊性。现代科学的研究反对近亲结婚，但是并没有充分的证据让人相信，近亲的结合一定会导致人类在某一方面的绝对衰落，因此，近亲的结合并不是可以完全杜绝，像犹太人一样在相当时候履行这种传统要求的人或族群还是大有人在。而像这种在一定程度上保有自己的独立性，并且可以建立完整的社会运行机制，我们认为这就可以称之为一个独立的社会，当这种社会独立出来的时候，我们认为法律就在其中完整的实行了。圣经旧约在这方面是很好的参考依据。如果没有这种社会的独立性，旧约的系统建立也不可能。因此我们说，一个法律一定是建立在一个社会独立的基础上，而法律的产生也是这个社会独立的见证。与此相同，无论是早期希腊各个城邦的建立还是早期罗马的乡村形态都因一个社会确定的独立性而形成完整的社会系统。

比起各个独立的社会，国家建立在这个基础上：完全以地域为界限，在区域范围内，实现各个独立社会在整体意志上的统一。这个意志就是对法律权威的认可。许多国家的内部会出现这种情况：内部具有巨大的分裂现象，各个独立的社会与其他社会群体之间具有难以调和的矛盾或无法统一的关系。如果这个国家可以使各种不可调和的社会关系各自按照自己的意愿进行运作或管理，使各个社会之间不产生矛盾或冲突，这些不可调和的社会组织就仍然隶属于这个国家的法律意志。相反，如果某个社会与其他社会之间具有绝对无法调和的地方，同时无视整体环境要求的统一，而是以自我主观的态度寻求对于整体意志的挑衅，这种情况的发生就决定了它不属于这个国家的范围，因为它没有服从法律意志的统一。这里面还隐藏着这样的一个信息：不是一个国家的人总会处于一个敌对的状态。原因就是没有法律意志上的统一。当然，对应于今天，这种说法似乎不符，因为像欧洲、美国、加拿大、澳大利亚等国的关系并没有统一在一个法律的框架内，他们不是相处的很好吗？但是在这样理解的时候也请看到一点，他们之间的和睦是以多大的和解协议或国际准则加以调节的，如果没有这些，他们怎么可能不产生敌对。所以说，他们仍然统一在一个法律的框架内，但是这个法律不是国家的法律，而是国际的法律（无论是国家法律还是国际法律，它们的精神相同）。当有一天这个法律框架瓦解的时候，后果会如何想必不难想象。

或许有人想弄明白法律的意志到底指什么？在对征服的了解中，我们可以看到征服方与被征服方的统一关系，这个关系是建立在彼此的需要上面，这就产生了组织上的互助关系，并由此改善了人的生存环境，也就是产生了我们所说的组织之善。除此之外，我们人类在对自身社会所认识的范围内，还服从这样的观念：在服从生存秩序要求的条件下，人与人之间还构成相互、彼此都要遵守的准则或契约，以此来满足组织性的协作以达到自给自足的要求。这样的社会具有基本的组织结构，对身处其中的每个人的责任和义务有着合理的规范，以此完成对每个人的生存环境的保障。现实经验告诉我们，准则和契约不一定都要通过口头认证或书面签字才有效，更多的准则和契约来自由于生存和生活需要而自然达成的默契或养成的习惯，而它们的权威性却丝毫不亚于口头协议或书面认定。在这些因素条件的要求下，法律就是结合成组织的各人各方对于生存延续的公共要求，并因此成为法律意志。这样表达或许有人认为感受不到，那我们换种说法：父母养育了孩子，这是他们服从自然的法律秩序；成年人养育父母，这是社会对他们的要求。

这一切都是对于一个法律意志的服从，也是公共准则的体现。如果哪个人坚决不服从并声讨这一点，那就必然地会与这个社会产生敌对。

也因此我们看到，如果没有统一的国家或统一的法律精神体系，不但各个独立的人会产生不同观念的敌对，各个独立的社会群体也绝不会互相信任，它们彼此征伐抢掠，以此寻求获得自身生存条件的保障。但是现实经验告诉我们，这样的行为对于自我生存的环境完全没有保障。无需说的太多，一切历史事件都清楚地显示给了我们。因此，更大范围的国家的存在是得以获得更大安全的保障，而一切保障的基础都来自对于一个公共的法律意志的服从。这也就是国家主义或民族主义得以根深蒂固的存在的基础。

在一切历史事件和相应对照的性质里，事实已经没有例外地显示出了一个真理，就是：一切法律的主导者都是力量较量中的优胜者。也就是说，只有胜者才可以主导法律的实施。把这一定义用文字表现出来是恐怖的，它背后可能紧跟着弱肉强食、成王败寇等众多的野蛮逻辑。但我们并不担心会出现这样的情况，因为更深层次的原因足以熄灭那种气焰，并让信奉那一观念的人在提出那一结论的时候有所顾虑。

我们可以把一切进行力量较量的地方看做一个平台，并且称为擂台，在这个擂台上，可能较量的人不止两方，也会有三方、四方，甚至更多，但是优胜者只有一方或一个，结果必然是一方胜利，而其他的全部失败。我们把这个胜利者当做法律的主导者，但是当他主导了法律之后，他和原先的对手处于一种什么关系直接影响到法律的实施以及法律条文的性质。如果他的对手失败后能被征服，既满足对方的利益要求，这时法律的实施就会产生一个整体的统一关系，因为征服本身就是把分散的部分结合成一个整体，因此此时的法律对谁都具有同样的约束作用。法律的施行者或制定者与对手的关系如果不能产生征服与被征服的统一体，而是相互之间还保持敌对和仇恨，我们说，这时的法律只是一个暴力机构，它会被作为武器长期继续对对手进行压制和迫害。而对于被压制的一方来说，是软弱的妥协，使自己成为被奴役的一方，还是借助有生力量继续战斗，这是两种不同的选择。从善的表面来说，接受压迫是符合善的要求的，但是会持续地增长仇恨，终有一天，它会爆发出来，并且，这种仇恨具有循环延续的性质，如果没有整体环境的改造手段，它几乎会无穷无尽地延续罪恶；如果继续反抗，它会有较大的牺牲，但是伴随着希望。但是最终，两者的结果都是对于善的践踏。在此我们强调，不是建立在征服关系上的法律不是法律，那里只有强者的意志。在西方的众多哲学理论里，关于自然法与政府的强力执行力之间的矛盾他们无法解决，那是因为他们从根本上混淆了法律和非法律的区别。也可以说，混淆了我们提出的公法和私法之间的区别。

我们这里提到擂台，在性质上它是公正的，既所有人都是站在一个同一个平台上，同一个规则下进行较量，但是这样的擂台需要一个裁判来判定是否有人犯规，否则就有不能让人心服的违规者。但是遗憾的是，社会的这个擂台的裁判都是在以后才产生的，而当时从来就没有办法产生，这使得一些人总会在当时的形式需要下使出一些令人不能心悦诚服的阴险手段。我们在前面提到人有三等，而在权力的擂台上，从来都只有第三等人得势，因为一等人用责任创造环境，二等人无识无能，总会丢弃一切劳动成果，而三等人总会把组织的力量变成自己的特权。从掌握法律的层面意义上讲，如果没有人对其核心力量进行监督，权力社会将不可避免，这时的法律是没有公共效应的，它仅仅是将社会逼入战争状态。历史事件无数次证明了这是必然。当许多人在研究如何避免的时候，他们本身都没有放弃过要成为那个不是法律的法律制定者。真正的法律制定者的目标不会是为了避免战争，而是如何成为社会擂台的公正裁判，使各种力量在有规则的比赛中优胜劣汰，产生令人心服的优胜者，并使劣势的一方不是成为胜者敌对的一方，而是在擂台规则中被征服的一方，并最终产生擂台意志的统一。这并不算什么伟大的开创，事实上，历史上任何一个国家的每一次强大繁荣的时期都是充分实行了正义的审判之后而寻求的善的结果。法律的实质是什么？就是在承认自然擂台的竞争结果后寻求和开拓善在一切方面的延伸。报复、延续的争权夺利，这一切都来自于社会审判中裁判机制的丧失，如果有个公正的裁判，这都应该避免。今天，民主社会已经提供了较大的可能，但是它仍然脆弱，因为公众同样会受到偏激或偏见的影响，如何解决这个问题，我们后面再提。

因为正义的性质，我们把它从善中独立了出来，它的本身就是立足于一个公正擂台的较量，获得胜利就应该得到理所应当的奖赏，失败了则要交出夺取胜利的机会。就像这个社会，某人创造了大量的优质产品或对社会进行了优质的服务，他就理所应当地享有一定程度优厚的报酬，相比那些贡献不杰出的人，他自然地会享有更大的发言权。这在所有人眼里都无可厚非。可是当那些没有任何贡献的人却要求享有大量的资源，并且是建立在剥夺他人的基础上时，没有人会真正的同意，最起码不会信服其所得为理所应当。正义的审判就是对于这种结果的衡量，是否正义，人们结合其行为和所得进行比较，结果一目了然。我们在前面已经说过，人类生存的满足状态对于生命的延续起着决定性的作用，而一个正义的环境是获得生存满足感的前提，因此说，正义是促成善的主要条件因素之一，甚至可以说，是对善的形态的升华。但是其追求的目标仍然是对善的实施，因此不可以因为追求其本身而践踏立足于存在的善的本质。有人会认为在某些情况下，这两者只能二选一。或许，但不是绝对的。甚至我们可以说，产生了这种二选一的环境本身就是错误的，也是不正义的，消灭它无可厚非。

法律的产生从来都不占有法律的意义，只有当法律实行的时候，它才会被衡量，只有正义的法律才会成为人们信服的法律，因为它建立在提升人们的生存满足感上。有时候，践踏了善的正义仍然可以被一部分人所接受，但绝对不会是全部。因法律的执行而产生了失去生命的后果一定存在某种错误根源，并且由这种根源导致的罪恶绝对不仅仅只在个别人身上产生，而是会涉及到一个群体。这种情况在不符合法律精神的条文法面前绝不是个例，它总是社会主观促成的某种产物，其中任何一个人的罪行都将会确定无疑地被证实是社会失去了正义精神或正义实质的结果。正义和善不应该发生矛盾（我们只指本书对于正义和善的定义），时刻审视这一点是法律的精神所在。

法律的精神不是美德，不是责任，而是正义与善的统一。在人类所有寻求幸福或心灵安慰的精神追求里，没有人可以不服从这一点。这个法就像自然为宇宙万物安排的理性秩序，人类只有服从它，才可以获得精神的寄托和生命的延续，而“进化”，永远都只属于一个相对的概念。

在此，我们基本上算是强调了原先被某些人信奉的一种自然精神，并把它应用在社会秩序领域，这种自然精神和人的社会管理有着充分的统一。自然中，劣势的一方在明知不敌的情况下，会自然地选择逃避，同时，开拓自己的猎食范围，从而保证自身的生存延续。而自然为万物安排的神奇的食物链关系使得任何一种物种都不会无限地占有支配者的角色。有人会认为今天的人类是占有这个角色的。表面上是，但是人类可以试试无限制地践踏自然生命和规律看看，这样的话，人类的灭绝必会在自然众生命之前。自然从来没有放弃过擂台法则，就是原先所说的优胜劣汰的机制，对于没能充分适应环境的物种，自然会判定其出局。人类社会也曾无数次的用这种审判来验证人与人之间进行较量的输赢结果——就像那些侵略与战争——直到今天。但是，这是否是唯一选择？没有一个具有人道精神的人会认可只能做这样的选择。于是，那些寻求普遍和平精神的人们就得到了人们的共同赞誉。但是思想决定不了现实，只要战争存在，以无辜生命为代价的竞争机制就不可避免。从现实的角度而言，只要存在强与弱的不同社会，并且没有统一在一个法律框架内，争斗就会继续。

我们是否可以把所有人都统一在一个擂台上，使人类之间的较量都站在同一个平台，使胜利者和失败者达成一个统一的奖惩机制，就像我们对于贡献与回报进行比例划分一样，使社会的竞争产生正义感的满足，并使人类社会中的法律与被法律统治的个体都统一在一个征服与被征服的关系中？这个问题被个人提出来会显示出无限的狂妄，尤其是这个人从没有过实质的贡献。但是对于那些有贡献的人，人们也并不是很愿意欣赏，就像当爱因斯坦提出超国家建制的时候，更多的人会对于一个刻意的策划心生疑虑甚至恐慌。

因此，还是支持自然选择吧！即使不如意，也由它去吧！我们的意义就在于提出自己的观点，这就够了。

如何在这个社会上完善对于善与正义的追求，这绝对是个高难度的技术活，不仅如此，它还要面对着许多历来的偏见以及无法满足的个人私欲。尽管如此，这个社会的进步也仍然在持续着，并充分显示了更为有希望的未来。

理想社会是历来人类的追求，尽管不是都能创造出来，但是能够有个开拓性的理论也能让人类受益无穷了。历史名人中，柏拉图的理想国最多只是他的个人理想，但是表现出来的艺术美感却带给许多人精神上的愉悦或遐想。相比于柏拉图，孔子的完美社会有着同样的艺术效果，有好的统治者，有更好的被统治者，实在是一幅精美的画面。但人是动态的，并且都有拓展自己欲望空间的欲望，谁会愿意被一个固定的笼子所支配呢？又怎么会接受那些自己没有授予权柄因而不合法的支配者来统治自己呢？

只要人是动态的，就不存在可以实现的静态模型。即使精致到马克思的共产主义理论，也不会说服每个个体都放弃自己的个性以换取那无意义的东西。

在动态中追求善与正义，并力求个性的发挥，这是必然的进步之路，没有人能把这充满动态的社会凝固。如何追求更高的境界，这只能各显其能，但是有些违背基本自然原则的，我们有责任提出来，以防止人们走向其它的极端。

18世纪末，法国的雅各宾派因反抗压迫寻求正义而获得力量，但是在获得力量以后，其坚定地报复思想和镇压主义终于引起了人们的不满。但是作为首领的罗伯斯庇尔直到最后还认为自己的方法是对的，而是人民不理解。事实如何？这里我们可以看的很清楚，他们对于正义的追求是没错的，就是不要让被压迫的一方永远承受不平等的恶果。但是在争斗的擂台上，以维护存在的善的本质是必须的责任，就是绝不可以把杀戮当做实现正义的理由或象征，正义的本身是为了促成善，而杀戮是直接违背善，人民会分的很清楚。坚决地反对这样的组织恰恰是人民的明智抉择，而不是不明原因，更不是愚昧无知。

今天有许多人把中国的宋朝当做科技进步，文化繁荣，并且思想相对自由的时代，但是事实却是另一回事。宋朝的皇帝们大都有一条理论，就是不要让真正有才能的人掌权，因为这样的人掌权会威胁到皇帝们的地位，起因自然是他们的开国皇帝是用窃取的方式取得地位的。但同时，他们坚定地对人民实行较为宽厚的少压迫，多鼓励的政策，以争取民众对皇室的支持。从开国皇帝到末代皇帝，基本上都有这种一贯的政策，其根本的目的只有一个，就是尽可能的维持自己家族的皇权。但是社会的繁荣并不是建立在这一基础上。为了遏制有才能者的权威，那些成就非凡的人只要有一点点可以被指责的地方，皇帝们就会对其进行严厉的惩罚。而那些无能的人却会受到异乎寻常的重视，皇帝们知道，这种人如果反抗自己的话是无法成功的，因为社会并不支持他们。皇帝们的心思像个公式一样被社会认清，因此有才能的人绝不充分展示，而无能的人则可以毫无顾忌地施展自己不光彩的手段来获得上级的重视。那时有不少讲学者可以在民间传输自己的理论，通过这种方式获得别人尊敬的人也会受到皇帝的重视，但是这些被重视的人如果想当官的话，结果都会很不幸，因为皇帝们只要他们的名声，而不要他们的才干。许多像这样不愿做官的杰出人士为那个时代赢得了好荣誉，甚至于发明创造也有非凡成就。但这些个人的修为仅仅是影响了历史，而丝毫没有影响那个时代。最为主要的是，社会的政务都是把握在谁的手里呢？那些依靠逢迎和做事刁钻的人，他们清楚地知道皇帝们的心思，只要不企图谋反，连犯错误都是阿谀的资本，因为那可以让皇帝们认为自己抓住了他们的把柄，并因此不敢不服从。这些人确实很服从，但是服从谁呢？他们只服从自己的利益。他们结党营私，鱼肉一方；他们诬陷仇视正直的人，认为他们对自己不光彩的行为有威胁。总之，依靠皇帝的意志，社会被维护着较高的组织之善，但是没有任何正义性可言。“朱门酒肉臭，路有冻死骨”不仅仅是表现生活的差异，也是对于社会无公正的抗议。这样的社会对内是一潭死水，对外处于什么状态呢？当时有个本国的将军，因为不满皇室而带兵反抗，无论从人的数量上还是军队质量上，他都处于一个必然要被消灭的态势，但是结果是：他在这个国家打败了所有的正规军，因为他不愿意消灭皇帝，最后到一块边缘的地方自己建立了一个国家，就是史称的西夏。而这只是其中之一的表现。在整个的宋史中，无论外界的哪个敌对势力，只要是反抗这个国家，结果都是轻易获胜，因为这个国家没有人敢做国家英雄。而那些投机取巧之辈深知皇帝们害怕失去皇家地位，每次敌人打来，他们都会要求皇帝们和其谈判，然后割让土地和大量赔款。著名的例子是和北方民族金国的关系，历来自称天子的皇帝竟自称为对方的侄子，以卑微的姿态换取对方的宽容。除此之外还有更荒谬的例子。著名文学著作《水浒传》说的就是那时的背景，而那在性质上竟完全不是杜撰：一伙杀人抢劫的强盗，在地方上为所欲为，作为中央政府，自然要制止这种现象，但是这些强盗只要组织起来打败来攻击他们的官兵（可能有些时候只是通过贿赂使其退兵），他们就会受到朝廷的所谓“招安”，就是把这群土匪强盗变成正规军，然后享有官员的待遇。用这种方法，事件就平息了。但强盗们的行为绝不会因此突然刹车，周围的人民仍然要深受其害，就像王莽篡夺了西汉政权后，以一股强盗（所谓的“绿林军”）为主力的力量攻入了都城，他们不知道政治治理的意义，而是以向民众抢劫的方式聚集自己的财富，他们的可笑又何尝不是对于宣传历史意义的讽刺。《水浒传》虽然设计了招安失败的结局，但是历史却是上演无数次招安成功的事实。我们不说其它的，像这种国家，虽然人民可以活着，但是所有人都随时会受到他人的残害以及对于尊严的践踏，善从何来？

当某个社会以追求正义为己任，并与善保持高度的平衡，那它就是下一个不平等社会的征服者，因为它所产生的意识形态是人类欲望中寻求进步和升华的核心。但这种理想是让人怀疑的，既然它如此完美，为什么没有人去实践它？如果这样认为的话，那必然是错误的。因为在历史上有许多伟大的人有着杰出的实践经验，而每一次的成功实践都伴随着人类社会巨大的进步。古希腊的梭伦改制奠定了古希腊文明社会的基础，由于文字的延续，我们今天仍然有幸看到其思想的核心。这位被称为诗人的改革家留下了这样的一些诗篇：

一
人在生活中遇到不幸，
没什么比一门技艺会给人更好地安慰，
因为当他一心钻研那门技艺时，
船已不知不觉越过重重危难。

二
许多坏人有钱，
许多好人贫寒，
然而我们绝不以品德和财富交换，
因为品德永久，
而钱财它时又归他人。

三
大雪和冰雹的威力来自阴云，
雷鸣产生于耀眼的闪电，
城邦毁于豪强，
而人民受专制奴役则因愚昧。
出海太远就不容易靠岸，
这一切应好生想想看。

同等的对待恶人与善人的法规，
让正直进入每一个人的世界里，

我给予平民的尊荣恰如其分，
不夺走他们的尊荣，亦不予以扩增。
那些拥有势力或因钱财而显赫的人，
我也留意使他们不受任何屈辱的事情。
手持坚盾我挺身遮护两者，
不让任何一方不公正的取胜。

四
记忆之神和奥林匹斯宙斯的女儿们
庇洛斯山的诸位缪斯，
请听我来祈祷。
请赐我以幸福，
有神明所赐的福祉，
请让我获取全人类能有的和表达的那些好名声。
让我对朋友温和，对敌人凶恶，
一些人以我可敬可亲，一些人看我可畏可惧。
我想拥有钱财，而我决不去妄想那些不仁不义之财；
因为日后的报应总会跟来。
财富钱粮都是神明所赐，
从大地的深处到高山之巅源源不断来到人的手中。
凭着蛮横和不义获取的钱财来之无名，
为不正义之心迷住灵魂，
昧着天理良心，为非作歹，必将随后身败名裂。
恶行好比熊熊的火焰，发端只在微芒之间，
最初视而不见，到最后酿成大祸，给自己带来大苦恼。
行恶之人必不能长久。
神明宙斯定在察览万事万物之结局，
好比春天的狂风四起，

顿时让乌云铺天盖地，浪涛拍天。
荒凉的海底震动不安，
让麦田荒芜成灾。
苍天高处的众神明的眼前，
天宇寥廓澄清，万物皆现。
阳光耀肥沃田野，
遮住眼睛的云气丝毫不见。
宙斯的惩罚来得莫可得知，
他不像人间一样，遇事只会发怒，
他对无仁义之人，自不会坐视不管，
这种人难逃暴露其迹，
只是有些人今天还债，有些明天还债，
注定的命运或许有人逃过，
而他留下的坏根将由无辜的儿女
或后世的子孙后代来承担。
我们世间之人———好人或坏人，
每人在灾难发生之前老是想法不断，
直到事情发生过后才会后悔不已叫苦不迭，
当初一直渴望着空虚的希望，沾沾自喜。
重病在身之人，
盼望一天恢复健康体魄；
胆怯之人自认为勇武刚勇；
丑陋之人自视貌美无比；
迫于苦役之人，梦想所有，
念念不忘有朝一日发笔横财。
人们各有所求：
有人打算赚大钱回家乡，
在漂泊的船上任凭海风把他四处吹送，

他不顾惜生命；
当雇工之人，扶持着弯犁，
在杂草丛生的土地年年劳作，
凭借雅典娜的赐予靠双手吃饭和多才多艺之人
在赫菲斯托斯的教导下来谋求生计；
得奥林匹斯神明缪斯之教学会
人间巧妙的格律，无人不喜闻好听；
博通医药之人，得神医派翁的真传，
辛劳无比，学无止境，
身负射神阿波罗之命，此人当为预言之人。
可预知远处灾异，某人幸与不幸，
即使得到神明的关照；然凡事皆有命，
卜算也罢，献祭也罢，诸事难挽回。
万事皆有险情，
当初怎知后来的结果，
一个人时常想做好事，
坠入灾难和艰险之中也是常事，
实施恶行之人，神明舒展恩惠
给此人福运无限，糊涂之事皆难免。
人类的眼中，财富无有界限，
即使今天拥有一大笔财富，
总是希望增加再三。什么能满足人的心思？
钱财本来非神明之所赐，
其中何尝不露出祸患的端倪，等什么时候宙斯
送钱财讨债，此物又会归于他人。

梭伦促成了直到伯里克利时期的延续的社会改良，使雅典成为了希腊半岛上最为强大的城邦，并奠定了古希腊文明的基

础。后来有人抱怨伯里克利在希腊半岛上四处征伐，可是当时的民众没有抱怨，被他征服的城邦也没有抱怨，后来人的抱怨是什么道理？因为依照当时的情形，即使伯里克利不对其他地方进行征伐，那些独立的城邦也不会闲着。因为没有对于社会进行持续改良的愿望，他们的内部腐朽没落，统治者们心胸狭隘，残暴不仁，这种人占据了统治地位必然导致狂妄自大，以此谋求对于其他城邦的兼并，并因此导致战争不断。当其他的城邦相互征伐却无法成功，并且只会导致无辜的人民长期受到伤害，伯里克利对他们的征服有什么错？不但没错，反而是绝对正义的举动。只有把那些没有进行内部改良措施的城邦完全打败，并且要求完全服从，才是对于社会和人民的交代。结果也正是如此，他促成了很多城邦的联合，由此改善了各个地方人民的生存环境。虽然他的雅典情节过于浓重，并寻求民族在地位上的特权，但是相比于各个地方永无止息的暴政，他的伟业仍然算是开拓性的。

秦朝统一六国，只有对于那些国家的暴君才是悲剧。春秋战国的历史已经清楚地表明了，那些分裂的国家都处于一种什么样的混蛋状态：对外相互征伐，对内横征暴敛。在当时，通过变法获得社会公正的秦国社会，在七国当中是唯一可以让人民感到幸福的，因为他们的法制促成了某种程度上的社会平等，即使国家仍然贫穷，也会产生心理上的满足。而这种情况在其他国家绝对不存在。那些地方只有特权、压迫和暴政。一些看似温和的国家（比如楚国），实际上也只有品行恶劣的奴才才拥有社会的主导和统治权限，并把人民置于没有公平和尊严的处境之下。这些国家的人民对于任何征服者都会举手欢迎，只要征服者拥有足够强大的力量。

罗马帝国和中华帝国是这个地球上在一段时间内凝聚了最为强大的统一力量的两个象征，他们各自把自己看作世界的中心，各自以高傲的姿态要求着其他民族的服从条件，他们的底气从哪里来？我们通过历史是可以看到一些端倪的。

野蛮的携掠从来不用讲条件，只要力量上占有优势，就是为所欲为的资本，但是罗马发生了一个开端，就是即使抢劫和携掠，也要和被携掠方促成某种协议，以证明自身强大的力量在占有某些资源的情况下具有理由上的正当性。无论今天的人们有多么不认可不公平的协议，但是对于当事方来说，强大力量占有更大的主导权都是必然。罗马法律就是在这一基础上产生，尽管在表面上，它更多地强调财产分割，实质上，它对于胜利方都有个等比的奖励，即使是在奴隶制的大背景下，对于奴隶的奖励事实上都有严格的要求，这就促成了某种竞争上的公正，而这个概念我们是把它划入到正义的范围里的。当然，这难以接受。但是那些不接受的人在行为上可能会更加多的创造这种实质，但是他们也仍然不承认，怎么办呢？我们没办法。但是其中的实质绝对不仅仅是竞争，我们可以通过他们的每一个法律条文看到，结果产生以后，他们的唯一责任就是维护善的存在，既保证各方不要进行无意义的残害。

罗马的正义是其强大的前提，当这种前提失去的时候，它就是一个任人宰割的软弱猎物。所以，当罗马的财产分配已经发生了扭曲变形并没有任何公正可言的时候，它就必然是其他民族征服的对象。

尽管时不时地处于分裂状态，但是历史上，中华帝国大多处在一个统一的形式下，从古到今。这种统一本身就产生力量凝聚的事实，其成功组织的核心在哪里？我们不是没有可能发现的。

即使在今天，或者现在，略有见识的人都会清楚地认识到这一点：国家一旦分裂，各个分裂的部分就会进入到无休无止的战争和政治摩擦中。所有分裂国家的核心都是争夺利益或征服对方，而对于社会之善的要求基本上无力维护，更不要谈发展或进步。这种观点在几千年前就存在于众多人的见识中，不是那时的人们政治觉悟高，而是现实经验清楚地教会了他们这些道理。生于乱世的孔子是那种混乱局面的感同身受者，因为有了获得知识的机遇，他有幸有机会用文字表达自己所总结的观点。当有些观点产生了社会共识的时候，一些有见识的人就愿意追随渴望改革并且意志坚定的人去寻求实现自己理想的途径。孔子有幸成为这种被追随的人。现在的许多学者还认为孔子具有非凡的教授能力，这是可笑的。仅仅一个教育工作者怎么可能让众多学生用坚定地信念跟随着自己，最起码吃喝的问题怎么解决。实际上是当时许多本身有能力有见识，并且有绝对经济实力的人在支持着孔子的思想理论，并帮助其四处宣扬，而这些人的见识能力以及创造能力已经完全超越了在当时一个人有可能达到的极限。

在一个团队的系统努力下，以文化为基础的王权政治被推到了登峰造极的程度，这种王权政治被所有寻求支配地位的人所推崇，其被推崇的原因，就是其中阐释了一个系统的向善理论，首先反对战争，然后反对人与人之间的残害，更为重要的是，它提供了一个支配者正当支配他人的借口，因此，它被后来的道德理想家或道学家多方引用，甚至于让后来出于动荡时期因而对自身文化发生怀疑的欧洲学者们也推崇备至，像伏尔泰、罗素等人对西方产生的影响。更为重要的是，作为普通的民众，在无权无势的情况下也拥有了奴役妻子和孩子的正当理由，这对于增加他们的生存满足感起了极大的作用。

中国的统一文化就是建立在这种系统的善学理论中，并且在两千多年来被所有的统治者在精神上予以全面系统的贯彻和发展，尽管会偶尔间断，甚至在行为上完全反向而行，但没有任何一个时代可以丢弃它的原则而正常运行，因为没有更为有力的法律秩序来替代它。这个体系可以以最小的正义环境满足最大的善的需求。对于一个民族的延续，它既是幸运，也是不幸。没有正义文化的社会总是充满了争权夺势和争名夺利，更加没有公共性质可言，因为所有人都只看到，公的本质原来也就是私的延续。所以，不仅仅是朝代的频繁更易，就是权力阶层本身也是在没有安全感的情况下时刻提防。通过这种方式建立的国家必然是脆弱的，只要在正义环境上有所开拓，任何一个周边民族都可以征服他。但同时他也是坚固的，无论什么样的征服者，只要摧残了他们本身寻求善的环境，也很快就会被驱逐。

中华民族得以延续的统一下来的主要原因是对于善的精致追求，当这种善的本质丧失的时候，它可以轻易瓦解。有限的正义是必须，但是这一点点正义也会在这块土地上随时消失。作为决定性质的原料，即使一点点，当正义完全失去的时候，这里的人们也就开始了向外寻求征服者。

我们毫不掩饰自己所理解到的推论，任何一个国家的强大都是建立在对于善和正义相辅相成的追求上，任何一方的缺失程度都和它的衰落程度成正比。这话看起来没有来由，但是通过现实去考察吧，谁愿寄存于既不寻求善也不寻求正义的品行恶劣者之手？

当国与国之间的争斗产生了令人愤恨的互相残害之后，借助社会与国家关系的经验，建立国际的法律意志要求或精神追求就可能是一条出路，因此有人就在这条路上不断的努力。维持国家的法律依靠的是力量，建立国际的法律是否也依靠力量？现代社会的例子让我们清楚地看到，这毋庸置疑。今天的联合国几乎完全就是力量所获得的成果，但是它的操控只是落在少数人手中，并且受着权力的支配，而权力斗争又总是相伴其中。超国家组织是爱因斯坦的理想，但是他不知道太多的未知因素，因此，这种一厢情愿的理想难以实现。联合国，在受到力量支持时，它具有效用，当支持它的力量不足，它只是摆设，就像美国侵犯伊拉克这个例子。全面的人类和平是否不可能，今天的社会状态几乎让我们确信无疑。可是，有一点仍然值得我们分析，各个社会群体之间可以因为国家的建立而实现和平，为什么人类不可以因为国际法的建立而获得和平呢？虽然我们今天所看到的国际法完全做不到这一点，难道不能通过其他途径来实现吗？尽管现实经验让我们完全不敢想象，但是并不代表没有希望，当这部“善学”开始写作的时候，我就似乎看到了一个可能的途径，但是手段和目标可能与人们原先的主观要求完全不一样，但那又何妨呢？许多的进步不都是建立在尝试的基础上吗？

我们已经提到，法律与被法律统治的人们是征服与被征服之间的关系，没有人可以在没有法律权利保障的情况下安心生活，因此，包括自由在内的各种观念也就无从谈起（这点似乎支持了孟德斯鸠对于自由的表达，但却是无意地），而法律又是社会得以获得组织之善的前提，因此我们说，与法律相关的行为及由相应行为导出的一些性质对于人们的观念和实际生活方式具有绝对作用的关系。

我们在前面提到过几次国家主义、民族主义，对于这样的称谓，我们并不打算随众，也就是并不打算依从那些模糊的概念，因此在这里插入对它的单独理解。

第八节 国家主义情感要求的存在原理与国际主义

我们提到了国家主义和民族主义，这里，我们还是要提出一点，谁是真正的民族主义者，谁是真正的爱国者是必须要区分开的，当有人仅仅把它们当做实现私欲目标的武器，而无视对于社会的实际伤害的时候，这种虚假的民族主义者和爱国者一定是社会的敌人，即使整个社会都陷入到这种癫狂，我们也不认为他们因为占据人数上的多数就是正确的。不要忘了，一片土地上并不仅仅只养育当时活着的那些人，多年以后，无论多少人都将在时间的流逝中死去，而未来的人们还需要洁净的土地来延续和发展社会更高的善的目标。我们这里提到了民族主义和国家主义，这要单独地再解释一下，否则又会不可避免地导致一些歧义。

一个追求整个人类文明进步的崇高的国际主义者不愿看到国家主义或民族主义对于人类进步的阻碍。确实，对于一个崇高的国际主义者来说，无论是国家主义还是民族主义都是对于人类追求整体文明进步的羁绊，但是在现实行为或管理操纵下，要摒弃它们几乎完全不可能。国家主义或民族主义在许多人那里都是来自内心的渴望，而不是被灌输的某种观念。尽管追求人类进步的人士都渴望抛弃它，却总会遇到各种无法克服的阻碍。对于那些对国家主义或民族主义具有要求的人来说，他们总有充分的理由为自己的行为或思想辩护。

当人们的现实行为对此具有真实要求的时候，我们不认为这是一种偶然或某种观念的作用，而是有其必然地实际因素。清晰的分析和理解它对于文化和观念的进步都必然具有意义。

我们在这里要了解的是：为什么国家主义或民族主义如此根深蒂固，即使违背了整个人类社会进步的要求也不愿放弃；尽管在某些时候人们都普遍地寻求抛弃它，可在一定的环境中，它总会复活，并且总会达到较为强烈的程度。

无论什么组织结构，比起个人，它都因维护更大范围更多人的生存环境而具有更高的善的价值，但在个体的存在面前，它只是服务者，作为一个人，只有这个人的生存环境被维护了，在生存中的意义获得满足或满足的机会了，这个组织才产生它的作用，如果这个组织的行为造成了许多人巨大的伤害和毁灭，那么，我们不但不认可它的善，我们甚至于要坚决地反抗它带给我们伤害的恶行。

人具有寻找身份认同的要求，这个要求的起源我们可以解释，就是渴望在身份认同中获得他人的接受和认可。而获得国家身份认同在我们现在所处的环境中是基本和必须，没有这种要求，群属的归属感将丧失，除了失去他人基本的认同，还有对自身价值的实践难以找到方向感，难以获得精神的寄托，应该服务谁？应该争取谁的认可？没有这个实现价值的归属，个人必将迷茫。它的实际需要就因为这个原因是一种必需，若要阐释国家神圣的概念，那这个原因就是有理由赋予国家神圣性的全部，它的本质不过是个人需要而产生的情感表述。甚至于我们还可以找到更为充分的证据来证明这一点：华人具有相同的长相特征，在某些国家，尤其是在东南亚，当有人问道一个华人是哪里人的时候，不同地区的人就有不同的态度。新加坡、香港等地因为经济发达，在民主环境中受到文明教育的程度较高，因此他们可以很自豪的报出自己是香港或新加坡人的身份，而中国大陆因为经济较为落后，而某些国家的人民在情绪上会对其具有一些排斥（这种事实状况显而易见），因此一个大陆人在很难接受这种排斥情绪的情况下就极不愿意说出自己是中国大陆人的身份，因为他没有地区归属的荣誉感。有人可能会认为这个例子是在贬低大陆人或国家的形象。他们（或你们）认为是这样吗？那我再举个例子：在中国，农村人是被歧视的群体，尽管它的实际人口占到了这个国家人口的百分之七十。有人认为这是个人自卑的认识，那我说的更清楚一些：在社会中工作，不涉及其他因素，光是一个城市的户口就具有众多的便利，由此导致城市人高人一等的态度，而这一切都是建立在贬低农村人身份地位的基础上，就我来说，如果不是由强大的自尊来要求自己的信心，那承认自己农村人的身份对我来说就是一种侮辱，因为必须要接受别人藐视的眼光。若说这是我自卑个例的表现，那我们看到一个城市人在农村人面前的优越感从何而来（不要说没有这回事）？或者香港人来到中国大陆亮出自己的身份时所得到的那种钦羡的目光又来自哪里？这两个例子一定会被某些人认为是在贬低国家或抹黑这个社会的形象，而对我来说，我只是提出了实际存在的现象。如果它不是能够被很多人接受，那就有必要谋求改变它。可是那些不但不愿改变，甚至辩解其存在的合理性，并从这个角度以维护国家和这个社会形象的道德地位自居的人，他们的目的在哪里呢？我不得不发生质疑，他们的价值目标就是建立在对于这些社会罪恶现象的无视和掩饰上。为了证明客观事实，我要求调查，而他们不但不会支持这种调查，甚至会坚决地制止这种调查，而这是他们“正义”的“爱国”态度。再说就跑题了，这里只是在证明这个结论，就是：国家主义的情感就是为了获得群属的荣誉感。

在身份认同方面，我们看到，除了对国家的归属感具有身份认同外，对于出生地、家族、族群或民族都有类似的归属需要。夸大某种意识形态，包括对国家概念进行推崇等等的任何理由如果抛弃对个人的个体尊重，其本身都不会具有可以被普遍接受的合理性可言，我们这样说是因为我们知道真正产生价值的地方在哪里，并且可以在这里清楚地表达出来：就在于存在物对于延续存在和满足存在愿望的要求。对于人来说，这中间不但涉及生存所需的基本物质条件，还需要生存的目标和延续生存的动力，这是对自我负责任的要求，也是对于善的服从，而这都可以通过社会来获得，包括生存的意志都可以得到培养。

尽管人们对于生存的愿望是一种自然的要求，但是当一个变态的人类社会要对个人进行无法承受的压迫，这个要求也是会被放弃的，就像那些愿意用死亡来对抗社会不公正的人们。

这里，我们就可以客观地对国家主义或民族主义有个基本的认识 对其具有要求不是性情高尚的体现，也不是因为意识的狭隘，甚至不是虚妄的借口，而是一种切实的自然需要，既通过这个组织来表达对于善的要求，不但对于基本的生存要求，也包括对于优化生存环境的渴望。而后者只能通过国家或社会的组织来获得。对于一个排斥国家主义或民族主义的人来说，他也并没有错，因为在他那里有了更高的要求，这个要求就是对于各个被切开的组织之间发生的冲突和矛盾产生的悲剧的排斥，这种要求无疑具有对善的更大的追求，因此我们说，一个信奉或立足于国际主义思考的人必然更为崇高和伟大，我们可以观察在这方面具有要求的几位著名人士的行为来发现他们的价值，爱因斯坦、释迦牟尼、孔子，甚至马克思，无疑都属于这个行列，当然，我们只是指他们本身的行为所体现出来的精神，而不包括被其他人扭曲了的解释。这些著名的人士当然不会因为自身的闪光而淹没其他对此同样具有要求的崇高人士，今天的国际主义者、环境的保护者，还包括慈善机构都具有这方面的要求，尽管他们不是响彻寰宇，尽人皆知，但他们的崇高精神是不会因为名气的不出众而被消减丝毫的。但是反过来看，他们反对的国家主义或民族主义与我们表达的善的要求具有矛盾吗？没有。这是我们的答案。国家主义或民族主义是人们面对现实社会所做的具体行为选择，这个选择对组织的管理秩序提出要求，既必须要具体怎么做才算是爱国或争取组织荣誉。但是否满足这个要求却只能取决于管理者个人，如果这个管理者个人满足不了要求者的条件的话，他们就会用其他的行为进行对抗，虽然一个背叛人民的政府会说反抗政府的人不爱国或不对社会负责，但是反抗它的人是不会承认的，相反，他们认为只有反抗这个政府才算是真正的爱国。但无论是哪一方面，都不会承认自己对于自己的社会组织进行了背叛，只有声称立足于这个组织的发展或完善才有理由宣讲自己的正义或合理的行为，这一切都促成了对国家主义或民族主义的具体要求，而这种要求从来没有与国际主义的崇高精神相对抗，他们都是为了人类社会组织的发展和进步，既都是立足于对社会组织的善的完善。

一个国际主义者反对和排斥国家主义和民族主义什么？这是可以被清晰的看出来的。当一个国家侵犯另一个国家，虽然这个国家是为了自己的人民具有更大的活动空间，但是却对另一个国家犯下罪恶。对于一个具有公义心的人来说，反对这种情况是来自人性中基本的道德要求，他们反对那些完全立足于本组织的要求的国家对其他社会组织进行伤害，并且无法受到道德和力量的约束。对于被伤害的一方来说，某些组织的行为就完全违背了善的要求，这种本质是毋庸置疑的。对于国家主义或民族主义的反对就建立在这一基础上。毫无疑问，这样的反对者在精神上必然是崇高的。

国家主义或民族主义本身都没有什么罪过，相反，它是对组织之善的维护，是服从善的要求。它本身也有出现问题的地方，既出现狭隘的民族保守主义或对外侵害的欲望，这样的国家主义和民族主义完全是个人为了实现自己的欲望而寻求组织之善的瓦解的借口，爱国？爱家？谋害人和践踏社会的混蛋不过像骗子一样用花言巧语来获得别人的信任，他们既不会爱国，也不会爱家，唯一爱的只有自己，并且爱自己的方式就是去伤害别人。民族主义？国家主义？他们要么糟蹋这些崇高的词性，要么就是羞辱所有人的智商。

真正的国家主义和民族主义不会是崇高的国际主义者的

对头，相反，它们会向着更为崇高的国际主义组织形式迈进——为了整个人类的生存延续。但是到目前为止，这只能是个目标，没有人可以定下完全国际主义的行事准则，尽管像马克思、爱因斯坦这样的人努力过，但那只是为了理想的探索，与实际可以运用的方式还相距遥遥，真正可以应用的国际主义不会用勉强的方式去呆板的实行它，因为人具有自身的主观能动性，只要不是人的自身需要，就不会获得普遍的认可，也就不会成功。就像对于国家主义或民族主义，不需要刻意的宣传，人们在需要的环境中会对其具有主动要求。国际主义也是一样，在条件成熟的时候，人们只要真正的需要，就会对其具有要求，这样的国际主义才能够获得实行，或许才最终能够取代国家主义或民族主义。但是当人们都立足于国家或民族的时候，还是先把这方面的问题处理好再考虑国际主义比较合适。可以肯定的说，国际主义最终会是人类社会的需要，因为它服从更大的善的要求，只要人类对于生存延续具有要求，它就会成为人们的追求。在人们还没有主动对其进行要求的时候，由一部分人的意志强迫别人去实施，失败的结果可想而知，这样的国际主义不但不是高尚的，并且也一定会沦为邪恶，因为它的要求本身就在谋求践踏别人的意志和寻求对别人。

第九节　美、艺术和文化

我们有必要提到几个与生活和法律都有密切关联的几个概念，并通过这些概念清理出一些问题。

我们经常会提到文化和艺术，它们和我们时刻相伴，却又捉摸不定；我们时刻感受它们，却又相距甚远；有许多解释它们的概念，我们却无法领会；它们像朦胧的虚无，又像清晰的实体。我们这里就把这些看似矛盾的特性清理一下。

在了解文化和艺术之前，我们必须要对美的概念有所了解。当然，在现代学术领域，这可能比文化和艺术本身更为深奥和复杂，尽管它经常与我们相伴，甚至没有距离。如果以现今的学术理论为基础，我再学十年可能都无法理解，更不要说自己来阐释。我们不走这条路，而是简单的通过经验来做些考察。

经验中，美是视觉享受，是观念印象；是感官享受，是心灵感受；涉及现实的有人美、物美、景美、艺术之美、心灵之美、自然之美等等不一而足，真是其广阔如天地，精微入尘埃。可这都是来自人自身的评判，如果某个人哪天心情欠佳，“什么美不美，全是又臭又烂的狗屎”，像这样大发一阵雷霆，在他那里想必不会再有那美的影子了。也许有人会说，不管他能不能欣赏或能不能理解，客观的美还是存在的。可如果世界上只有他一个人了，或者说像灾难片所拍的那样，灾难降临到所有人的身上，只有他幸运地躲过了一劫，在那里还有美的影子吗？

在逻辑上喜欢深究到底的人还可以继续追问，以求找出美最终存在的证据，但这个追求的结果似乎只是追问者自己想要的，与现实已经不具有实际关联了。

对美的感受是人的特定本能吗？在经验中，我们会认为是。理性的辩证思维却可以为我们带来不同的答案。在康德哲学和黑格尔哲学的体系里，都对于美的本质做了各自的分析，但他们太执拗于自身体系的完善性了，以至于在分析的过程中总为自己做一些只有他们自己才愿意去领会的定义，对于这些难以令人理解的定义的解释同样也用只有他们自己才能理解到的内涵去解释。没有几个人愿意耗费那么大的精力去理解那仅仅是命题的东西，我们认为有必要用直观的也同样有说服力的语言来做出新的解释。

这里，我们不需要问美是什么，谁都有直观的认识并能够理解到它的意思。我们可以认识到，有些美是所有的人们都会认可的，比如一个长的异常漂亮的女孩。有些美是只有一部分人才能认可的，比如一些艺术品。也有些美是很多人都看到却意识不到，当这种美消失了以后，人们才突然间发现它是美的。从这几个情况的发生中，我们可以做出结论，美不是绝对的，因为如果是，就不会存在这些差异，就会都被人们普遍的认可，但事实上不会，即使一个绝色的美女，让她处在很多也是同样漂亮的女孩中间，然后用她们的行为给一些人长期带来不快，那这些受其影响的人也会无视其美的所在。因此，产生美，尤其是美感是有一定原因的，找到这些原因会起到很大的现实作用，就是让我们不会为了感官上美的迷惑而抛弃理性，从而做出对自己也对别人有害的事情。那产生美的原因是什么呢？我们不打算从思辨的方面来理解，那繁复虚浮的概念解释只会把所有人都带入迷雾，我们只从经验着手，用事实经验来理出这方面的头绪。

一个美女，旁观者见到都认为是美的，但对于长期接触她的人来说，其感觉就远不会有旁人那么强烈，尤其是认识她的某个男士更喜欢其她女孩的时候，在对比中完全有可能会认为她略显不足。这个差异来自哪里我们就可以做出比较了。首先在所有上，别人无法占有对她的长期审视，而长期接触她的人可以。这就显示出来了，对于得不到的人来说美具有更强烈的感觉；人们对于需要的东西具有得到的渴望。比如对于陌生人看到这个美女来说，他们并不仅仅因为看到她就自然觉得美，而是在内心深处渴望对这种美的获得或拥有。比如对于男人来说，可能会更需要得到她或希望身边也有具有这种容貌的女人，对于有些女人来说，她可能也希望拥有这种容貌。当然，为什么会有这样的要求或欲望，这也是不能回避的问题。我们说，人具有渴望他人认同的本能，如果其他人爱美德，我们就渴望拥有可以展示的美德，其他人爱财富，我们就渴望拥有可以展示的财富，或者其他人爱权力，我们就渴望拥有可以展示的权力，当然，如果别人爱美丽的容貌，我们自然也渴望拥有可以展示的外表。这是人的需要促成的结果。如何衡量容貌，或者取决于哪种标准是不少人研究的课题，在感觉上人们似乎倾向于认为流畅的线条、对称的外形以及清晰的轮廓等等物理因素是发生美感的重要条件，但是通过社会经验的观察，似乎这些都不是绝对的，因为许多外在环境的提示往往更能让人达到美感的状态。比如我们看到一个外表并不是很标致的女孩，但是性情温和，待人诚恳，或者还可以加上见识卓越、身家富有，这些条件有时不可避免地会对于美的衡量有着巨大的影响。另外，不仅如此，通过社会意见的提示，某些形态表现的甚至更为明显。比如在巴西的某些地方，美女的象征是在嘴角的左下侧有颗自然生长的黑痣；印度的美女们偏向于在脑袋的中间点上红点；中国古代的唐朝把体态丰满的女子当做美，宋代则认可体态轻盈消瘦的女子；在未经常接触亚洲人的白人眼里，黄色人种具有难以分辨的相似性，而在未看过白人的亚洲人这里，对于成群的白人也看不出很大的差别。我们只要在这些简单的比较中就可以清楚地发现，人们并不具有审美的一致性，而对于环境的适应就是对某种看法的接受，接受的原因在哪里？就在于自己对周围信息提示的认可。这种情况是原先就在意识中具有的渴望。因此我们又可以说，人们原先就具有渴望和要求是获得美感的前提。那对于渴望和要求是来自哪里呢？我们这就能清楚地看到了，那完全是由于欲望的要求带来的结果。我们已经知道了，欲望是由基本需要或好奇心带来的对于获得的渴望。这样，我们似乎就理出了一点头绪，似乎就可以这样概括的说：受基本需要或好奇心产生的欲望的要求，对渴望的东西发生感情上的感动，其感受的程度强烈在近在眼前却无法获得而产生的遐想（就像看到美女的那些普通人），削弱在实际获得后的逐渐平淡（就像那个与美女长期接触的人），而消失在获得的希望被完全的扼杀或实际获得后不再具有继续要求的意义（就像对美女的行为产生恐惧的那些人，还有最终能够拥有她的人）。现在我们还不知道这样说是否准确或正确，那我们就可以用这个定义来对照我们对美的观点，看是否符合这一说法，如果完全符合，就说明这种说法成立，如果在有些地方符合，而有些地方无法解释，则说明它的表达不够完整，如果有实际经验与它的理论相悖，则说明它是错误的。好，那我们现在就可以试着做些对照了。

例如：对于一个伟大的艺术品的赞叹。比如一个雕塑，当人们看到它的时候会发自内心地赞叹雕塑之美的时候，人们并不仅仅是对雕塑本身的赞美，而是对于被雕塑出来的艺术品的赞叹。因为也有些雕塑让人看了不但不会觉得美，反而会极为讨厌或厌恶。对于雕塑之美的赞美由此可知是对于被雕刻出来的艺术品的赞美。这些艺术品往往是由一些匠心独具的艺术家们所创造，看到他们的作品便如在欣赏一位艺术家的巧妙构思和伟大创意，对那种美的欣赏不正是对于艺术家创意的独特的好奇探索吗？其中同时折射出的对于这个艺术品的思想的表达恰恰能够刺激到心灵中对某种需要的渴望——无论雕刻的是一位健硕的男士还是一个窈窕的淑女，或是某种能够象征特殊意义的图形标志，正是这种被刺激了的心灵渴望让人具有发自内心的对于这种美的赞叹。而于此相异或不同的结果也让我们可以从反面加以印证，就像被雕塑的艺术品如果是一位健硕的男士，肌肉发达，体型完美。一些体型普通的人们会对他的肌肉体型加以称赞，由此产生对其美的赞叹。可一些肌肉更加发达的男士就会对其不屑一顾，认为它还不够健壮，美感就不会由此产生。一些普通人看到它的线条流畅，体型匀称也会加以赞美。但对于一些医生或生理学家则认为雕刻的线条不符合生理学原理，由此不难得出那是错误和丑陋的结论。同样的一个事物，由人们表现出的不同观点的原因我们可以找出其分歧的根本所在。对于普通人眼里健壮的体型和流畅的线条，那自然是由于自身具有对它的赞赏的欲望产生的认识，这个欲望的来源我们可以结合对其不屑一顾的人的观点的差异找到，就像已经拥有了健硕身材的人。这就表现了普通人具有对这种身材的渴望和要求，这就是产生美的根本所在。如果已经获得了这个结果，就像那位更加健硕的男士，那这种美会怎么样呢？正如您所见的，绝不会有像普通人那样强烈认识的美感。而对于线条体型的流畅，医生和生理学家与普通人的观点的差异也让我们直观的看到，普通人对于这种体型线条具有渴望，而医生和生理学家则因发现其线条的有悖常理，认为其不具有美的所在，甚至会走到美的对立面。这个例子充分展示了我们的定义在此处的可取性。

这里表现了一点，对美的绝对拥有实际上是对美的践踏，使其失去美的本身，由此让那些拥有要把世上所有美的东西都纳入怀中的抱负的人永远不具有实现的可能。与此不同的是立足于对美的欣赏的人总是能够获得或发现更多美和美的细节，因为世上总有人们在内心中渴望的东西不能得到，但可以认识到它们在某些方面的表现形式。了解到这一点之后我们就可以用这个小小的例子轻易地看到，对于一个快要饿死的人来说，难以相信还有比食物更美的东西。对于一个经常吃饱饭的人来说，难以想象他会把食物当做最美的东西。但是对于一个人来说，在任何情况下对食物具有自然的尊重都会显示出他的智慧和高尚，而得到食物后践踏和藐视食物者都显示出其卑微和庸劣。

那对于自然的壮观之美是否也可以用此定义加以解释呢？我们可以再举些例子试试看。我们在一些图片或显示屏幕中会看到一些广阔无垠的大沙漠，那种壮观在一定程度上是会撼动一些人的心灵的，尤其是生活在喧嚣拥挤的大城市中的人更容易被那种景色所触动。那我们就在此去认识这个问题。与此相对应的，生长在沙漠周围或被沙漠所困的人还会感受到相同的美感吗？我相信，会有很多人对它产生畏惧，而不是美的感觉。这其中的差异我们就可以在此处清楚地比较出来了。大城市中的很多人认为沙漠很美，却不会对一堆沙子产生相同的美感，这两者之间的差异就在于一个是广阔无垠，一个只是一堆。那这种美就是来自于空间的原因了，他们渴望更大的空间感。人们对于这个空间感的要求是来自哪里也就不难理解了，原因就在于他们被狭小的生活空间所束缚，来自于一种本性的需要，他们渴望挣脱这种束缚，渴望奔向一个更为广阔和自由的天地，但生活要求他们不能真的这么做，于是对这种无法满足的要求产生了内心中的欲望，在这种具有要求而又得不到的欲望没有消亡的时候，面前出现的某个相似于心灵要求渴望的景象产生的遐想就产生了极致的美的所在。与此相似的，渴望自由的人对于大海、草原、天空等开阔处都会有一种患美的情愫，当然，可能会有一些因素导致人们厚此薄彼，但其对美的要求的本质原因是一定相同的。与此相同的理由，当某个人饥饿到极限的时候，一点食物就是极美的所在；当人们工作的无比疲倦，休息就是极美的所在。与此相似的例子还有很多，但他们的本质特点是相同的，那就是当人们完全地得到了欲求的东西的时候，这种美也就趋于平淡或消失了，无论是在广阔无垠的沙漠中立身，还是获得了充足的食物或休息，人们都将逐渐淡化那种曾经对美的憧憬。

从某个方面来说，美是由自身需要拓展出来的动力，它告诉我们应该向哪一方面要求自己，同时，它又带给了我们以交换，当我们获得现实中的需要的时候，又总会失去心灵上的憧憬；在心灵上具有憧憬，又总伴随着对现实中的需要无法获得满足，而这就有可能是导致人们不停探索的原因，尤其在我们的思辨和畅想中。而对于美的欣赏就理应是我们开拓自身行为动力或获取心灵满足的重要方式。

当然，无论我们怎样表达，所做的都只是立足于一个客观的描述，因为它的存在是以自己的方式体现的。除了它自身，外在的我们并不因解释而作用于它（尽管也可以说它是我们内在的，但我们并不会因此而把握到它）。对于本质，我们渴望涉及，但我们与哲学不同的是，我们不会为了任何的解释而去关注，而只是在意它对于某个方面的拓展会为现实环境带来多少改进，即使是狭隘的，如果能为我们的生活带来更多的美好或者减少一些伤害，我们又何乐而不为呢？

当我们对美进行这样的定义后，借助它的概念，对文化和艺术的理解就简单多了。

我们先说艺术吧。可以简单的说，这是对创造者的赞美。前提自然是创造者创造出来的东西可以触动我们灵魂深处的欲望，引导或激发我们原本在内心中的渴望，让我们发生美感——借助所有的艺术作品。艺术品就像个平台，它连接着观赏者和艺术家在同一个层面的渴望，一方施放激情，另一方接受并产生欲望。若说人对美的感受来自于欲望的驱动，那对于艺术品的感动就来自由具体形态产生的慰藉。有些人把艺术定格在确定领域的确定形式，甚至拿出公式来进行套用。这样生产出来的产品能发生艺术的效果是很难的。当那些固定的格式人们已经熟悉的时候，谁又能被固定的模式激发到自己内心的感动呢？

连产生欲望的根源都没有，更不要说在一个美感的空间里互动。艺术是艺术家的自由创作和无限想象给观众带来的情感互动，作为原创和独一性是它的必须。当它被束缚的时候，欣赏者所观赏到的就只是固定的模式，这样的模式是无法激发欣赏者潜在的欲望要求的，也就没有艺术的效果。所以我们说，一切的艺术创作和艺术产品都不会在确定的领域被规范，那些被规范了的艺术不是艺术，一个不允许自由表达的空间产生不了真正的艺术。艺术品本身只能显示个人的审美趋向，真正具有价值的是那些艺术家，他们在某一方面的思想表达对接收者所产生的共鸣。一个符合善的组织环境对于艺术家的出现具有巨大的渴望，因为人们需要一些非凡的人士在精神领域激发自己的欲望，并使人们通过这些欲望来寻求更为幸福的生活途径。当这些人类的艺术家无法产生的时候，人们就只能通过大自然的创造来激发潜在的激情了。或许有人会问这些问题和我们的善的理论有什么关系。我们的意思是：所有对人或物的生存延续有帮助的东西都属于善的范畴，而生存满足感是至关重要的元素。

与艺术的独一性相比，文化具有群体性。文化的产生以及对于文化的感受都不会仅限于个人的空间，它总是与群体的意识形态相随相伴。在孟德斯鸠的《论法的精神》里，服从于善的延续的社会组织结构总会在自然环境的要求下形成自己独特的能够与周边环境相符的法律法规。在那部站在科学角度进行分析或理解的著作中，也清晰地分析了符合生存要求并与自然环境统一起来的风俗为什么是极其重要的借鉴标准的原因。为了生存延续，某些法律必须实施，当一些必须要实行的法律被践踏或违背的时候，社会就不可避免地要陷入到自我损害当中。

我们说，每一种文化都是相应环境所产生的法律在实行上的形态表现。当然，不可能每一种文化形式都是直接表现出来的，比如建筑文化、戏曲文化、礼仪文化、宗教文化等等，如果不了解其历史以及由历史导出的偶然性，这些表现形式无论如何都不能从目前的法律环境中找到其根源。有人会说，这样还能说文化是法律在实行上的表现吗？我们仍然提供肯定的答案。原因并不复杂，事实上很简单，就是无论什么文化特征，都是以不违背法律精神为前提的，如果违背，其文化形态也就绝不可能产生。当然，我们说的法律并不是某个时候的法律条文。因为许多形态表现了反当时法律条文的特征。这当然不矛盾，并且再清晰不过：当某些时候的法律条文立足于反社会及反人类的时候，当时的社会就会自然地进行抗争，而这种抗争的精神就是对于自然法律的实施，以及对于善的服从。所以说，即使是反法律的（事实上只是反当时的统治机构的，因为他们违背了善），在本质上也是对于法律的实施，而这才真正的是在服从法律。因为文化这种地域性的特殊性以及对于自身服从善的要求的坚定性，就使它不可避免地产生了这样一些特殊的特征：

无论哪个民族的哪种文化，首先强调的就是自己的特点，即使强调自己的包容性，这种包容也仅仅是强调特点，而不是真正的包容。同样也有强调吸收外来文化，但这种吸收也是为了产生自己的主体作用。这是一个只有自我的领域。这个自我是一切个性的体现，也是作为主体性的“我”的体现。突出自我是文化的个性；为突出自我甚至要对其他文化进行诋毁和压制是文化的诟病；为完善自我会对其他优越文化进行赞扬和崇敬并致力于对其的吸收则是文化上的优点。两种态度决定着不同发展的方向和对得与失的抉择。

人类追求更大幸福的动力起于对现存状况的不满而止于自我的满足，在文化上也符合这一规律，既对其追求的动力也起于不满而止于满足。在追求目标及方向上也几乎完全一致，都是致力于对一切可利用资源的吸收并进行自我要求的改善。人类追求的文化目标与个人追求的幸福目标不同之处在于，个人追求的幸福目标在获得满足后，在新的欲望未产生之前会获得一种平静，而追求的文化目标在获得满足后却会产生极欲的自我膨胀和自大。在占有文化资源的人那里，这种自我膨胀和自大会表现的极为充分。似乎他们可以主导整个人类的前进方向，似乎他们是唯一的真理，似乎整个宇宙都为他们而存在。在他们眼里，别人似乎都是不开化的贱民。在历史上，几乎所有鼎盛的社会文化都表现出了这一特点，除了所谓的四大文明古国，兴盛于后来的希腊、罗马世界及后来的基督教、伊斯兰教以及社会主义社会和当代的自由主义社会也都表现出了相同的态度，他们都认为自己是世界文明的中心，并且是宇宙的中心，并且都认为其它地方需要自己对其进行改造才能开化。这种意志上的看法并没有给当事者带来实质的伟大，事实证明，没有他们的改造，其它地方的人们同样可以正常的生活下去，并且在有些地方，人们并不比他们生活的差。那仅仅是他们的自我膨胀和自大，而不是实质性的进步。若他们的自大仅仅是他们自己的无知，我们就完全不需要去在意他们。可事实往往是，他们的自大会造成自我要求上的膨胀，并会对其它社会的其他人提出只符合自己意志的要求，而丝毫不管别人是否愿意接受。在此基础上产生的矛盾和争斗数不胜数。事后，一些无知而爱说风凉话的家伙会以所谓的站在历史的高度对其产生的所谓的意义进行完全主观唯心要求的评价，完全不顾在当时的人们所受到的实际的伤害。若说那是历史无法挽回，那面对现在再出现同样的情况，我看不出来有几个人能表现出多一点点的明智。

在文化上的自我满足所产生的膨胀只会造成对于自我或对于别人的伤害，不会产生对任何人有益的结果，我这样认为。

那对于文化现状不满，又会产生什么情况呢？我们只要看看一些实例就可以做出一些评价了。在伟大的古希腊文明里，各方面的文化发展都强调了对外来文化的吸收，即使到了柏拉图的时代，他也不但吸收了希腊文化先驱的思想，还大量引用了其它国家或地区，尤其是埃及人的观点，这产生了人类历史中无与伦比的古代社会文化的巅峰。罗马的兴起更是充分借鉴了希腊文化中的精髓，从而打造了辉煌的罗马法制文化。文艺复兴的本质是什么呢？不就是对于满足的自我膨胀的基督教文化提出的质疑并致力于新的文化的引进及改造吗？这不正是因对于自身文化的不满而进行改进改造的要求吗？对于它的实际作用，我们看到了它们产生了多么伟大的现实结果。

若一个民族对自身文化的满足只会带来有害的结果，而对于自身文化的不满却可以带来有益的结果，那我们为何还要固执的坚持自己的那些并不见得符合时宜的看法呢？若我们坚信自己是对的，那对于其它文化的借鉴就更应该是一种必须。世界上没有任何一种文化停留在自我满足状态还能产生持续地进步。

因结合环境而产生的法律需求所显示的文化现象，在不停的改造中是否产生对于原先合理规则的不合理扭曲？若把法律看做静态的，理论结果一定是这样。但是实际上，世界上没有任何一种法律可以以静态的方式延续。法律的精神在于，它可以不断地按照新的需求进行新的改造，以获得更为合理的善的结果。而相应的表现形态，既文化现象也必须按照相应的精神进行自我调节，有句广告词叫做“没有最好，只有更好”，套在这里再合适不过。这样的说法与今天世界上所普遍提倡的保护传统文化以及文化的多样性是否发生矛盾？这是极其重要的问题。我们说，某种文化是法律环境在某方面的表现形式，而法律的精神就是对于善的精神的最大实施，地域性或群体性的多样性来自各种不同环境的差异，不同的环境一定促成不同的文化后果，要把这些不同的文化完全合一就像让世界上在不同环境下进化的动物都长成一个模样，这是不可能的。这种包容性的文化并存现象是人类得以共存的必须，要把它们统一在一个模式下绝不可能，因此包容的态度不但必须要接受，还要鼓励，以防止某方面对其面方面进行不合理的侵害。但这并不意味着不同的文化都必须要按照某些固定的模式存在，比如原先为了统一混乱秩序而建立的严格的跪地礼仪，当混乱的环境得以整治后，人们发现这种法律使人们的生活产生了不便，这时候完全可以用一些简单的礼仪代替，但本质上并不影响礼仪的文化内涵，而只是提高了生活的质量以及工作的效率。当这种跪地的礼仪被作为文化实质，必须以接受它来显示对于独特文化的维护，而丝毫不考虑它对人们生活不便的影响，还会有谁真正去愿意服从它呢？总有一天人们是要反抗的。

由此我们说，一个杰出文化的贡献者必然在历史上对于人们生活做过极大的改进措施，使得善的实质被推到了一定的高度上。而现今文化对于善的实施的状况也表现在被人认可的程度，当现在的社会文化被更多的人向往和钦佩的时候，它对于善的要求也就达到了一定的程度。反之，现今文化不被人们所接受，甚至表现的仇恨和厌恶，毋庸置疑，其对于善的违背正在实施。

任何一个社会，如果对文化和艺术方面没有贡献，就说明人的生存满足感被剥夺，组织之善的缺失必然导致人们对于法律的漠视。

第十节 非法执法与合法执法

在发展不平衡的社会环境里，阶级是一定存在的，但是阶级斗争从来不解决问题。它只是反映问题，从中让人们看到社会的缺陷。以正义为目标的法律完善是解决问题的唯一途径，但这是个技术活，只有最为崇高和伟大的人才能在此取得成绩。当我们这样说，有些人就开始琢磨着要完善正义的法律条文，幻想以此换取荣誉。但我要告诉他们，这是可笑的。他们以为完善的法律就是法律条文，只要写出一些好看的东西就能起到改造社会的作用。如果是这样的话，那人类社会还要什么斗争？还要什么进步？一帮人凑在一起，怎么合适怎么写，写完要人们实行就行了，可能吗？当然不可能。就像今天中国的社会环境，一批“法律专家”们整天在家里琢磨着制订完善的法律。确实，他们弄出了大量的东西，但是这些东西不能经受任何实际的考验，因为它不符合社会实际的发展和应用要求。至于那些法律条文，我们也清楚地看到了，他们弄出的是些什么东西，不过是一个个为了侵占别人的财富和惩罚别人而找的借口。他们把社会上的人们分为原告和被告两方，然后从中选择“应该”惩罚哪一方。除了刑罚，他们再也不知道法律还有什么内涵。

警察制度是当今世界普遍采用的管理模式，对它的采用没有别的原因，就是可操作性。但是这个操作性仅仅是相对于权力机构而言。尽管民众也可以感受到这种管理模式的方便和有效，但是却不能对这种秩序的服从产生生存满足感，尤其是在法律呼吁人们对特权阶层的犯罪行为保持克制的时候。这种制度不是为了给人们带来正义，而是为了制止人们犯罪（这个犯罪我们是承认的，即对于善或正义的践踏，无论谁对其进行约束都是一种责任）。但是警察权力本身难以约束，因为他们具有操作上的可选择性。就从在美国影响较深的种族歧视的角度来说，白人警察总是倾向于对黑人罪犯采取更为严厉的措施（从一个揭示现实的记录片中看到的观点）。因为犯罪，黑人并不能对这种比较起来不公平的行为提出抗议。无数种这样的行为就抑制了人们的平和心态。激发矛盾的本质是创造持续地不平。尽管在言论或媒体上宣传种族平等，但是实际行为并不会因此而改变，因为没有在公平较量中正义的实现，对于不公平的行为就具有惯性的延续。

我们处在一个不存在公平概念的社会，却去抨击其他公平不完善的社会，这是极为不可接受的方式。但这个方式却是可以理解的，虽然人的需要只针对目前的满足，但是人的欲望却渴望更高的追求，我们期望这个世界更美好，于是就寻求更高的起始点。

分析完美国的警察后，我们也可以试着分析一下中国的警察。我们的祖国以前有个称呼叫做家丁，就是主人要求收拾谁了，家丁要立刻冲上去动手。他们不需要任何规则的约束，只要他们的主人一开口，他们就有了明确而坚定地行动方向。历史上，这群家丁因势力旺盛而获得荣誉的巅峰的时间出现在明朝，当时称为东厂特务。表面上他们为皇帝服务，实际上为那些干爹干妈的太监服务。只要他们的干爹干妈们想除掉哪个对头了，他们就开始捏造在当时来说最大罪行的谎言，就是造反，只要有了造反之名，他们立刻就可以以“合法”的手续对被诬陷者实行审判。当然，是否有罪是一回事，要不要其犯罪是另一回事。由于目标明确，对于那些需要犯罪的人，特务们总能让其犯罪，并且证据确凿。逼供的手段随着想象力的上升甚至可以达到令人惊叹的艺术阶段的水平。明朝之后，特务的性质又被延续到了清朝。对于那些荒谬透顶的文字狱案件，罪魁祸首可以说就是那些被称为文人，实际上就是自愿沦为低级特务的混蛋。早期的民国革命家们站在民族振兴的前沿阵地，曾使得中国的言论达到非凡的自由水平，直到蒋介石进行了相对成功的北伐并掌握政权之后，由个人本质导出的治理模式终于让一个本可以进步的社会发生了异变。经历了那个时代的鲁迅曾清楚地说过，“国民党把在它之前对于所有犯罪进行攻击的言论都看作是对自己的攻击。”为什么会出现这种情况，就是因为它们要犯所有罪人犯下的罪恶。

特务机构到了民国后期又有了新的发展。有人说那是革命了的时期。其实什么命都没有革。民性的古老传统没有变，组织方式没有变，变的只是名称，正如鲁迅说的“换汤不换药”。若说袁世凯复辟、张勋复辟还处于民国早期的时候，那时改造的思想还不成熟，但是到了蒋介石时期，其极端专制独裁的思想不但没有比以前的人消减，甚至有过之而无不及。最起码袁世凯还支持过选举，蒋介石支持过什么？高举权力大棒说我要发展国家；他可能确实想这么做，因为他的国家在他眼里就是他自己家产，发展国家也就是要壮大产业，但是他的家庭成员并不只他一个人，当他的某个亲戚在经济领域阻挠他的改革计划的时候，为了情面，他也就停止改革了，国家里总是亲戚重要的。这样的性格要发展特务势力实在是再正常不过。谁敢违背他的家法，他就要家法处置。谁来处置？就是他的特务们。这一次，特务们没有干妈，只有一个干爹，就是蒋介石本人。他们坚贞不渝的“忠诚”于干爹，并称自己忠于党国。因为干爹一个人不能为那么多人发工资，而干爹的党国可以，不但发工资，而且赋予抢劫的权力。这次也发展到登峰造极的水平，不是因为比明代更残忍，而是因为比明代更深入。除了直接建立起来的军统、中统特务机构，更加实行了混蛋透顶的保甲制度。他动员了这个国家无数的人来从事特务行业，并使之蒸蒸日上。这次，也是铲除异己，但不是个人，而是另一个要和他们

“争天下”的党派。虽然对方人多，但目标更明确，对于特务们来说，这也是好事，因为有巨大的市场，也就多了“立功表现”的机会。他们是国家完全正规合法的执法者，但是正像我们说的，没有任何法律可以约束他们，只要有了自己的目标，为了达到目的就可以不择手段。“为了目标而服务，而不是为了正义而服务”，这是对他们简单而温和的评价，但是背后隐藏的信息足以让任何一个没有泯灭人性的人背后发凉甚至心惊胆颤。

上面的事情是我对历史的理解，现在，我将会开始对我看到的事实进行描述。

人们从小就知道，赌博是不对的，是国家不允许的，但是在没事的时候，也找不到消遣的地方，干什么呢？每个人都两眼发呆的站着坐着？人若可以这样的话，就真的应该让所有人都变成这样，都像白痴一样，什么都不用想，也什么都不操心，还未必是坏事。可事实是人都不能这样，谁都不能。谁都想开心，谁都想好奇，谁都想刺激，谁都想过得满足。尽管大部分人都得不到，但每个人都有追求的欲望。即使是赌博，那也是寻找幸福的消遣。“抓赌”是警察（在中国称为公安）的重要职责之一，“为了维护社会稳定，应该禁止赌博”，这是个响亮的口号，尽管他们从来不介意自我欺骗和欺骗他人，因为抓赌的警察们大部分都赌博，那是无聊的他们重要的消磨时间的方式。尽管如此，他们也仍然要抓。赌博的赌徒们一听到“抓赌的来了”都会心惊胆颤，大部分都会四处逃散。但也有许多倒霉的逃不了。就像我在很小的时候见到的一回。几个穿着便衣的警察混进了赌博的现场，在人越聚越多的时候，他们亮出了身份，于是所有人开始寻找逃跑的地方，可是有许多人逃不了，于是被抓。当时现场一片狼藉，钱撒得到处都是，但是不久，钱就被清理干净了，都落入了警察的口袋。然后，警察们开始搜身，身上无论有多少钱都要交出来。尽管现场有许多人是看热闹的，也仍然被定为赌徒，不允许申辩解释。随后，被抓到的几个人被带到了派出所（公安的分支机构），然后二话不说关起来。要不了多久，有家人找上门来，请求放人，并且愿意接受罚款。据说，这样找的人都被回绝了。但是其中的一个人一进去就被放了出来，后来知道，他有亲戚关系非常强硬的后台背景。其中有个是地方干部的明白人，他的孩子被关了进去，他没有要求放人，而是找了个认识的人，硬是往对方口袋里塞了一笔钱，然后请对方多关照，有什么消息通知自己，自己该怎么做就会怎么做，“千万不要打孩子”。很快，这个孩子也被放了出来，没有挨打，但是他父亲又交了相当于一个农民家庭一年收入的一两千块钱。剩下还有几个人则根本不允许探望，也没有消息，家里的人虽然干着急也没有办法。过了一个星期左右，几个家庭的人分别陆陆续续的看望自己的家人。据说当时在里面的人实在受不了了，要求家人赶紧送钱。但是有多少农村的家庭有钱呢？赌博玩的是孩子般游戏的一点小钱，而警察索要的往往是一个家庭两三年的净收入，谁舍得？家人也是要生活的。即使如此，还是有人借钱上交，为了家人少遭些罪。那些过于困难的家庭不但没有钱，也舍不得借那么多，甚至没有地方借，于是里面外面坚持不拿钱，看能不能弄死自己。对于这些硬骨头，很快我们就知道了结果。当家人再去看望的时候，里面的人据说已经整的没有人形。交钱，卖什么都要交。结果涨价了，这一涨就是翻几倍，于是，农村四五年、五六年，甚至七八年的收入就这样被侵吞了。而人放出来后还要到医院检查，要休养，这都要自己花钱。这是我在十岁之前听到的连拼带凑的全部。它给我的印象是如此深刻，在我几乎忘记了所有的童年活动的时候，竟清楚地知道这全部内容，而当时的人可能以为我是什么都不知道的小屁孩。二十多年以后，竟然是我来还原一个那时候的人可能都已经忘记的事件。为什么我会记住呢？现在分析起来，可能是当时我无意知道的东西太连贯了，使得它成为一个完整的故事情节，而这总容易对孩子产生整体印象。当然，这里的故事是我在鼓吹赌博还是揭示行政管理的事实就只能由读者认定了。若是对我进行前一指控的话，我是接受的，但是指控的人本身是否参与其中，不把他调查清楚，我可能不甘心。

从上面的一件事情中，我又联想到了几年前在新闻中看到的一件事：

某个拉烟花爆竹的大货车经过某个省份的某个路段（某有点多了，但是真的记不住具体的，因为只是浏览了一下新闻），很快跟上来几辆警车。这是某公路段的公路执法人员，也就是交警，也是真正意义上的警察。他们从前面拦截住了大货车，要求大货车靠边停车。司机只得靠边停了下来。“证件！”冲上来的十几个交警中的一个冷冰冰的要求。长途司机自然见多了这种场面，于是拿出了所有的证件交到对方手中。驾驶证、行驶证、危险货物营运许可证、安全检查证等等，大概有五六个，因为是涉及重大安全物品的特殊运输车辆，厂家和司机都严格的遵照规定办理，不敢有丝毫大意。但是检查了证件的警察很快就提出了问题，“少了一个证件。”警察冷冰冰的向司机说。司机：“不可能，我都是把他们放在一起的，要丢都会丢，怎么可能只少一个。”警察：“不可能？不可能也少了。准备交钱。”司机：“真的不可能少，您再看一下。”警察：“我看的很清楚，就是少了一个。少罗嗦了，跟我们走，我们还忙着呢！”说完，走人。但是是拿了司机所有的证件走的。这时候，从司机的座位上伸出了一个人头，“怎么办？”这个人问。司机一脸的无奈，“那能怎么办？跟他走呗，就是要交钱。路走多了都知道。就看交多少了，如果要多了，这趟可能就白跑了。”“你是不是真的丢了一个证件？”“怎么可能？我自己的东西自己不知道？我干什么的？我们这行，钱丢了可以，证件丢了车就不能开，能不注意吗？”司机说完，开着车尾随警察而去。这是在凌晨发生的事情。无论是道路还是车内都是黑乎乎的，只有车灯照亮的地方可以看到东西。这时候我们可以交代一下了，坐在车里和司机对话的是中国中央电视台的记者，因为耳闻这条道路交警的黑暗，所以做跟踪调查。这里面的情节都是通过秘密的摄像头拍摄的。

大货车随着警车开到了一个大院内，这确实是正规警察的办公所在地，因为在中国，没有任何一个私人敢在自己的房子上设计那些代表权力的标识。

奇怪的是，等到大货车开进去以后，警察就不管了。记者和司机对话的大概意思是：

记者问司机，警察怎么不管了。司机说我不知道，可能是去睡觉了。记者问怎么办。司机说没有办法，就等呗。记者问司机，如果交货的时间耽误了，会不会有损失。司机说肯定有损失，如果交货的时间晚了太多，可能连货款都拿不到。

谈了一会后，就进入到了天亮的情景。

陆陆续续地，穿着警服的工作人员开始上班。但大货车司机仍然没有人搭理。司机不停地找人，但就是找不到负责的，只有要他继续等待的回答。

昨晚没收司机证件的警察终于出现了。司机急忙询问该怎么办，得到的回答是：去交款处交罚款。警察似乎给司机开了个几千块的罚单。司机拿着单子回到了车上。记者问司机：“怎么办？”“交呗。就是狠了点，罚太多，这趟白干了。”记者问有没有其他的办法。“有什么办法？只能求求情，看能不能少点。”司机一脸的无奈我们难以描述，但他似乎经历多了，并没有多大的痛苦，但有沧桑。“求情有用吗？”记者问。“也许有点用吧，不知道。唉，我身上没有那么多现金，还要找个银行去取钱。不知道附近哪有，麻烦大了。”司机并不认为记者在场有什么用，完全一种赶快处理的态度，我不知道是司机不知道记者的身份还是他认为记者没有力量，或者认为记者和警察本来就是一家。总之，从头到尾，司机没有一点向记者求助的希望或意愿。

司机出去了一趟又回到车上，记者问司机怎么样了？司机说警察愿意减点，但就减五百。司机明显还是觉得交的钱太多。“还是再求求情吧！”司机无奈地表了这个态。然后，他走到了交钱的地方，那是对着外面的一个窗口，司机和里面的工作人员在讨论着，偶尔可以听到司机不停地请求工作人员少交点的话。里面的工作人员的态度则极为恶劣：“缴款单上写了这么多，你就交这么多得了，还 嗦什么？你看我能作主吗？我只能按照单子上的钱来收，你还不能明白？”声音尖而高，是个中年妇女。而司机只是不断的请求。

当切入到下一个视屏的时候，新闻上做了这样的说明：记者表明了自己的身份。这时候，里面有公安把证件交给了司机。证件一件不少，全部合格，罚款也被免了。而原先扣留司机证件的警察没有露面。于是，记者四处寻找，终于找到了此人，于是上前询问：原先说司机的证件少了一张，为什么现在又不少了？警察的回答是：我怎么知道？是他找到了呗。“可是他的证件一直都被你们扣着，他没有经手，也是你们还来的，他到哪里去找呢？”“你不要问我，我不知道。”警察无礼地吼了一下，离开。

视屏完了。

结合二十年前对于警察的印象，我觉得他们真的具有一种相同的精神，是世代延续还是怎么样的，我也不好回答。将来会不会继续延续这种精神呢？目前我看不到否定的理由。因为现象如此清晰地显示给了我答案。当然，我们是站在对权力意识认识的角度来理解一种发生行为的性质，若因此否定人性，认为人在某种环境下必然归于那种属性，这就未免太极端，也太无知了。在一个人群数量庞大的群体中，淹没其中每个可以获得人性道德的自然基础，在那传说的地狱中似乎有可能，但在人类社会中绝对做不到。也就是说，无论多么极端地提倡犯罪的群体，其中都不会没有我们所认为的好人。当然，更为客观的表达，还可以说这种公共职责做了很多有益的事情，比如制止和防范犯罪以及惩罚恶人，以及维护社会基本的秩序和稳定。这些工作都必然是有益的。但我们认为，这样的性质是社会的组织之善促成的必然要求，处于这种地位的人只是履行了社会职责。甚至他们也不是无私的贡献，而是收到了社会的物质回报，也就是拿了工资。对于一些人来说，他们可能觉得工资太少。可他们是和谁比较的呢？他们和那些最有权势的人进行比较，而从来不在意他们的收入比更多的人民要高很多。一个森林里可以有一只或几只老虎，如果老虎的数量和蚂蚁、蚊子一样多，其它动物还能活吗？总有一天，连它们自己都要死光的。因此把那些非法的理由当作劫掠社会的借口，并以此发展权力机制，这样的行为不是犯错，而是犯罪。即使是一个由千千万万个人组成的阶层，也不会因为人数因素而发生本质的偏移。当然，这里只是指那些权力秩序的主导者，而不是千千万万个立足于劳动并服务了社会和人民的普通工作人员。

只要有权力的地方，就一定有践踏正义的本质，而他们的行为也必将导致罪恶和伤害，警察制度仅仅是可以使用的方法，没有任何理由可以证明它必须实行。这个制度不但造就了专制，也损害了民主。但是用什么方式来替代它呢？如此庞大而全面的工程可以轻易毁掉重新来过吗？有什么方法可以让人相信没有权力约束，这个世界不会陷入到罪恶滔天的地步？这些问题都值得担心，如果打算取缔警察制度的话，我们相信可以，但不相信有什么方法可以立即取代。在这些疑问和探索中，我们借助自己的主观理想，继续阐释公民社会的组织原理。

裁判的作用众所周知，他不是权力领域的决策者，而是既定规则的维护者，他所维护的规则必然是选手们都认可的，就像对于自然法律的认可。饿了要吃饭，困了要睡觉，没有人可以不遵守。尽管如此，裁判也还是具有自己的权力领域，在解释规则时具有很大的主观性。但是他们一定不能超出原则之外，否则，就要受到法律的制裁。如果在规则范围内出现技术性的不公正，就需要有更为客观的法庭来裁决他的审判是否有效。这在今天体育领域实行的法规制度用在社会上同样合适。当然，前提是不能出现中国式的法律和裁判；这里有特殊的现象，就是权力可以把法律颠来倒去的解释也仍然要被承认，而在某些领域的裁判对于判决甚至完全可以凌驾在法规之上。对于这些不尊重起码的公正并因此对正义精神进行侮辱和嘲弄的犯罪现象，社会组织环境自然会通过对于正义的追求讨还公道，而无需我们再过多涉及。

自然调节是社会的基础，只有当自然调节出现问题，即发生某些矛盾的时候，法律才会站出来进行裁决。无论法律的规则有多么不同，真正实行的法律的精神都绝对一致，既对于善和正义的追求。任何一条法律违背了这个基本原则，它就必然要被反对。如何把条文法更好地融入到自然法规的精神当中，如果不是立足于狭隘的私欲和膨胀的权力，这绝对不是很困难的事情。但我们并不关注具体法律条文如何制定，我们关注谁来执行真正的法律，而不是那些法律条文。

当统治者的法律出现不公的时候，就必然会招致一些人的反对，但是许多人不敢表现出来，他们因为软弱和无能而默默忍受不公，虽然在心中他们认为自己不赞成，受了委屈，但是忍受本身就促成了他们接受不公法律的现实。还有那么一些人，他们对于不服从的法律坚定地反对，甚至不怕损害自身。对于这样的人，我们说，他们才是自然法律的真正执行者。因为他们反对违背自然要求的法律就是对于自然法律的实施。因此，这样的人才真正具有价值。因为我们所说的自然法律就是社会组织对于善和正义的自然追求，也就是我们前面所说的公法，所以他们的成就自然就具有社会衡量的高价值，那些反抗了违背自然法律的人总会得到一个奖赏，就是他们总会成为社会的主导者，就像那些开拓了国家基业的人，他们为什么伟大？不是因为他们具有比前任统治者更大的力量，是因为他们完成了对于自然法律的执行，因而获得了自然的奖赏。同样的例子我们也可以看到，如果这个新获得地位的人在行为上也去违背自然的法律，即对于善和正义进行践踏，那么，他也很快就会被消灭。

在缺乏善的基本准则和正义的社会，对于自然法律的执行就是对于这个社会现状的反对，反对的目标一定是要维护善和正义才会具有成功的反对力量，否则就没有价值，也就不会产生真正的成就。当然，这个观点不是这里的作者开拓的，实际上，几千年前就有人总结了，对于征伐的对象要“师出有名”，里面的意思就是具有正义性质的正当性。

在一个本身追求善与正义的社会，对于法律的执行就不能是反对，而是要更为全面地发展善的影响和对正义的实施，就像今天的环境保护主义者，以及各种动植物的保护组织。这方面的延伸同样是对于善的实施，甚至是对于人和其它物种在竞争方面的公平分配的正义追求。除了这些方面，对于善的追求还可以走得更远。在这方面，若有人说自己对于善的追求已经达到登峰造极或尽善尽美，他是狂妄的，没有任何人可以在这方面具有可以知足的成就，唯有无限的追求它才有实质价值的衡量。

历史的审判已经交给那些杰出的人们去执行了，今天，在平和的环境中，我们如何去寻找同样可以胜任裁决自然法律的裁判呢？我认为是可以找到的。

我们说，世界上有两种截然不同的人，一种用毕生的热情贡献于公共事务，为普遍意义上的人类社会寻求幸福，即使自己略有损失也在所不惜，就像爱因斯坦那种人。还有一种人，他们人生的全部意义就是获取自身的个人利益，即使整个人类社会因此而大受损失也在所不惜。我把前者称为公民，而把后者称为私民。（这个公民与目前获得某个国籍的人都叫做某国公民的定义是不同的。）

公民和私民在社会上的表现是截然不同的。一般情况下，前者会表现出浓厚的精神追求，而后者自然看重利益。对于社会上的人来说，这两种人都没有不对，各取所需而已。但是对于社会来说，如果遇到某些需要执行正义审判的地方，作为后者的私民就可能因为利益的关系而放弃正义的准则，从而践踏了这个社会的组织之善，而这就是对于自然法律的违背。这种情况真的出现的话，不仅仅是这个私民个人违背自然法律，任用这个人进行审判的组织也实质地违背了自然法律，从而损害了这个社会组织。

没有人会认为以这种定义的方式可以明确地区分出谁是公民谁是私民，因为受环境的影响和新产生欲望的激发，原先的公民可以变成私民，原先的私民也可能产生公共服务的信仰。如何在两种类型间进行明确的抉择，实际上并不困难。不要去主观地考察谁更有公共信仰，谁更有私心，这种选择方式是不会产生任何明智结果的，因为不存在具有绝对权威的考察者。

只要通过一些简单法律条文的实行，我们可以异常容易地区分两者，并为其分配各自的职责。

作为公民，首先不能让自身利益和公共利益发生矛盾。（这里反对要求别人舍己为人的那一套——这是极端弱智的要求，就是要那些拥有高尚精神的人把利益和生存满足感贡献给那些自私自利的人，并激发后者更加自私的欲望。）

对于公民来说，只有当公共利益得到维护的时候，公民的个人利益才能最大化。（公民自然要有个人利益，要不然就变成维护公共利益是以损失自我要求为条件，这样的公民不被逼疯也要被逼走。）我们这里说的公民利益最大化当然不是完全指物质水平或资本累积，而是其对于生存的满足感的程度，这很大意义上取决于对于自我信念价值的肯定。

公民是自然法律的裁判，通过他们，社会组织的正义被维护在最好的水平，因此，他们具有无与伦比的权威。他们可以决策社会的组织建制，可以要求建立或完善更为可行的行为准则；总之，对于社会组织的完善，他们具有一切审判权。把权威变成权力的事在历史上屡见不鲜，这里当然不支持个人的绝对权力，因此，每个公民都具被别人监督的义务。当一个公民的行为受到质疑的时候，通过社会范围征集的更多公民的会议，就可以对个人进行适当的审查，并调查出此人应履行的责任和实际的工作结果是否有矛盾；如果具有不可接受的地方，通过原先条文法的制定，就有责任要求其负相应的责任，甚至取消公民资格。从公民变为私民，这是带有巨大羞辱性的惩罚。当然，无论什么样的公民会议都决不可自己弄小圈子，任何公民会议都必须有数倍甚至数十倍的私民参与，这是防止把责任变成权力的必须。

公民的利益由什么来保证？钱？权？福利？如果是这些，阶级性的弊端不但不会消除，甚至会更为严峻。

我们在前面坚定地反对被金钱支配的交易，但是除了金钱，还有什么交易手段呢？我们这里通过两个小例子来突破这个看起来固若金汤的铜墙铁壁。

九十年代，中国的粮食收购作为一种特权被政府掌握，只有政府才可以收购农民的粮食。在河南的某个地方，粮食收去以后，政府却没有钱给农民，而是打下了欠条，一张小纸条，上面盖上政府的大印。这种事情往年经常发生，原因就是粮款还没有从上级下来——尽管粮食已经收了。因为平时家里有余粮，不会饿着，所以尽管每家都有需要用钱的地方，不过一定没有的话也就什么事情都不办了。没有办法，只能这样。实在急需就看亲戚朋友家里谁能借点救急了。这次等了很长时间后，农民还是没有拿到钱，这时候他们着急了，因为已经到了春耕的时候，没有钱买种子化肥，下一年的耕种就要耽误，那是要影响生计的。尽管农民们一次又一次向政府讨钱，但是就是没有。谁也不敢拿“公家”的人怎么样，即使被逼死也不能动他们，动了他们是要坐牢甚至枪毙的。自己的一条命无所谓，家里的人以后怎么过？在这片充满神奇的土地上，农民们也开发了自己神奇的创造力，不是没有钱吗？有欠条啊，上面有政府的大印，拿去换种子农药照样行。结果还真的行了。出售种子农药的商人（他们也是政府机构的商业部门）愿意收，条件就是如果在一定期限内还还不了钱的话，就用他们下一年的粮食来抵押。对于身无分文的农民们来说，他们自然是愿意的，因为没有种子农药的话，连活着都是问题，不要说还想着讨要高价。就这样，用借据当货币的行为发生了。更大的奇迹还在后面。因为有人接收欠条，邻里之间的物品交换和基本交易也就用这些欠条代替。但是这些欠条基本上都是大面额的，怎么办呢？于是他们自己又写了剩余金额的找零作为应付的方法。然而有许多人根本不会写字，甚至不会写自己的名字，怎么办呢？

那就请人代笔。按照常理，即使不会写字也要按个手印作为证据以防范作假。但是用什么作为印的材料？印泥吗？哪弄去？结果流传开的方式竟然是许多根本不是自己写的借条在任意流通，只要注上自己的名字，就会有人认。当政府发现农民们卖粮不再和他们讨要金钱的时候，他们倒干脆年年用欠条，而不再用金钱支付。这种情况持续了多年。数年之后，当中央政府发现了这个情况，通过国家财力，才用严格的命令方式要求当地政府把数年积累的欠条全部兑换成法定货币。而在最后不规则字据满天飞的不规则交易交往中，竟没有一个纠纷现象，所有人都坚定地守着自己的信誉准则，只要是自己的名字，借条收条就全部承认。这就是当年闻名遐迩的“打白条”官司。这个神奇国度的人民所养育的神奇政府，直到今天还为这种“智慧”而得意不已。用金钱来衡量的话，富裕者和贫穷者之间在责任和道德上的差距不是神奇的讽刺吗？这里告诉我们，即使没有货币，借助信誉，任何一种形式都可以作为交换的材料。同样，一个没有信誉的个体，无论他手中掌握了多大的资源，人们都不会通过这些外在的东西确认其活着的价值。

下面的例子给了我们同样的感慨：

在某个乡村，某个人因帮助了他人而得到了地方管理者在公共平台上的称赞。这位帮助人者认为，这种口头上的一次性称赞不具有回报自己做好事的实质，于是他要求把自己做的这件事写在公报栏上。对这种好人好事的宣传，管理者也是支持的，于是满足了他的要求。谁知这以后，这个人看到别人有困难就帮，并且帮完之后都要求记上。这个人的个人行为为整个地方带来了一种风气，就是许多人也想上那个公报栏。在没有其他追求的枯燥生活中，这也是一种荣誉的体现。于是这以后，只要谁家有困难，立刻就有许多人主动愿意帮忙。多年以后，这个地方以这种特别的风俗而深感自豪，并且以这种荣誉来作为婚男嫁女的资本，他们不但生活在一片满足中，而且很少再遇到什么让他们过不去的大困难。

组织之善的实施，哪里一定要依靠金钱或货币的调节？

上面的两个例子都是事实。在这个资本调节延伸不到的地方，人们拥有了新的满足。与此相比，那些完全依靠货币调控的地方，比如今天的房地产，是怎样的乌烟瘴气啊！强拆、强征，不准别人盖，只准自己盖，不给你地方住，就算高价你买不买。刺激经济增长，增加人均 GDP，这是怎样白痴的理论啊！就算你的中央财政增加到天上去，也改变不了践踏善和正义的事实。如果一个国家的力量不是建立在对于善的追求上，而是建立在逼迫他人为自己增加物质产出上，直接建立奴隶制好了，何必在权利不明的条件下徒增人们争执的痛苦呢！（这种情绪上的发泄就当成作者的肤浅好了，请不要把它融入到理论中去。）

第四章 让善完善

第一节 服务资本

在一个被金钱主导的社会，如何避免被金钱支配而产生扭曲变形是个重要的课题，对于公民来说，必须要处理好这个问题。相应的审判原则的实施以及对于相应平台的建立可以解决这个问题。

我们说，金钱可以买物资，但无论如何买不了服务。现在所谓的买服务不过是指用金钱刺激其服务含量，本质上仍然是对于人的恳求。

服务是人与人之间可以互通的感情交流，以一方满足于另一方的需要而服务于对方，每一个具体的服务——即使是一个细节——在实质上产生的有效性都没有任何物质可以衡量，因为物质除了满足基本的需要，其他的都不过是欲望上的空虚拓展，当欲望消失，那些实质也就不存在。满足了个体需求的服务却不会因为失去而感到空虚，相反，当一个令人满意的服务者离开后，人会具有更为渴望的思念。价格衡量在这个领域真的可以无效。

今天，一些所谓的慈善家用金钱的数量来衡量自己慈善事业的水平，这种与政治互动的炒作不过是为了填补其精神的空虚，并没有实质性可言。（当然，这里的说法在此时不免会遭到一些反对，若是站在仁慈的立场，还是留些耐性，了解清楚再说吧。）

我们说，金钱只能——也必然只能——在基本需要上产生有效的服务作用，一旦超过了这个界限，它就不过是拓展他人欲望的工具，而这就是鼓吹金钱数量没有意义的地方。数量的比例可以表现慈善人员服务人群的数量比例（这也是相对的），但不能保证服务人群的质量。当服务在质量上没有追求的时候，它在价值上的折扣会低很多，甚至低到无法想象。比如向一个贫困地区注入一笔资金，但是没有合理分配，结果导致地方人员进行争抢，并导致大量无辜伤亡的产生。这样的慈善是不能算是慈善的。

真正的慈善是服务，只有有效的服务产生了，慈善才实现它的意义。而用金钱衡量从来不能作为准则。但是在“没有钱是万万不能的”情况下该怎么办？没有钱确实不可以，但是把对数量的要求作为衡量的标准是两回事。

一个人可以用上亿的天价购买慈善的荣誉，但是决不因得到这个数量的荣誉而产生他个人服务的实质。比如说，他可以认为自己为上千人的困难提供了帮助，反之，他要求那些人以相同的价值进行回报，是否会产生上千人累积起来对于自己的服务呢？我们不说上千人，就说一个人接受了一大笔钱，这笔钱可以为他一生的幸福提供帮助，然后，要这个人也用一生的代价来服务帮助过他的人（作为回报，当然是免费的），有人会愿意吗？有两种人有可能：一种是白痴，一种受一时感情的刺激，但是要不了多久就会后悔。

所以说，无论用多少钱，都不因为数量的原因而产生等比的服务回报，只有人的服务质量才是服务的保障，没有人的服务质量，服务就不具有实质性。金钱作为市场交换的手段，可以通过激励和恳求的方式引导人走向合格的服务水平，但是必须在服务者接受的情况下。这种市场化的交易可能因为人的情绪波动而失去公平，就是原本协议的服务质量产生单方面的减损。

完全以人的服务作为一种市场化交换，这听起来不可思议，事实上完全可行。

用金钱交换的服务不能确保公平，用人的责任作为交换的服务则很难出现减损。当某个人获得帮助的时候，作为回报，也具有义务帮助的回馈，这是来自人类本性的责任感。而这种帮助是不能也不会用金钱来衡量的，但是其服务质量绝对不会具有丝毫的降低。

人们为了获得报酬而工作是对于自己的责任，义务的帮助社会则是实现自己的价值。一个对社会贡献价值的人如果不能获得这个社会的回馈，这个社会就是不公平的社会。所以说，当一个人在服务他人方面具有贡献而又没有获得相应的金钱回报的时候，社会应该对其进行同样的帮助。我们在这里主观地推荐自己的方法,就是用服务分数的方法计量下来。这个计量不能是第三方，只有被服务者才有资格评价服务者的服务质量。比如对方为自己做了一件好事，而自己就愿意付出相应的义务回报，他可以特定地选择服务对方，也可以转而服务其他人，这种分数计量理应被社会法律所支持，因为它以额外的方式支持善和正义的实施。

在以前，经常会出现这种事（即使现在也有）：某人受了他人的一点恩惠，于是立刻决定以自己的一生为对方服务，并自称仆人。这是不公平的。因为没有任何人可以对这种服务进行回报。一个人无论受了某人什么样的恩惠，在本质上都只是增加了自己的生存满足感，而不是生命产生了多长时间的延续（这无法计量）。这种完全无法产生公平交易的仆人概念理应被指责，对于这种不合理的回馈，应该借助正义的精神在法律上加以限制，比如某个人被别人拯救了性命，这是最为重要的恩情，但是并不能让对方获得再次致自己于死地的权力。拯救了一个人并不代表有权力去剥夺他的生命。应该站在什么角度去寻求公正的回报，这不容易解决，但并不是不能解决。在人的一生中，无论增加了怎样的生存满足感，因为自我生存的需要，都不能用全部的时间去回馈。从目前社会组织程度中的个人能够拿出的精力来看，一个人用一生工作的时间，如果能够换来五年时间的清闲就已经非常困难了，因为人们每天工作的大量产出都要被消耗掉，从个人能够实质创造的产出来说，这种完全积累的量绝对不容易实现，如果不通过艰苦努力工作的积累的话，这真的很难做到。这里当然要提出这样的一些人，他们只是通过了一些简单的投资手段或者商业运作，就累积了几十年甚至上百年都无法消耗完的资金，那他们是否可以自豪的凌驾于众人之上呢？如果他们可以这样的话，那我们就是白痴了。扭曲的社会组织会造成一批掠夺者，他们无论通过什么方式争取到多大的利益，都不是他们的实际产出，只是掠夺性资源的凝聚而已。如果要认定他们产出的杰出，那把他们送到荒岛上去吧，看看他们几天的产出能否聚集一生的使用资源。所以我们说，一个人一生中用五年的服务时间对他人进行回馈已经是极限了，也就是得用几十年的努力工作才基本可以争取到最多五年义务服务他人的条件。我们还可以对这个概念这样了解：如果一个人的五年服务时间被支出了，那这个人无论有多少财富，有怎样的地位，他都没有掌控的资格，因为他本身能够积累的资源已经全部交出去了，也就是没有再对剩余资源支配的能力。这五年是怎么算的？我不知道，只是凭着经验加点感觉猜测。因为人的本能的原因，总不会差太远。如果拿出更多的时间专门为哪一个人服务，由于社会组织结构在整体贡献中量的平衡的原因，这个人一定也支付了他人的价值，这是不公平的，对谁都是。五年的服务指什么？指的是被服务者有什么需要了，服务者要充分满足。这个满足不是对于欲望的满足，而是对于需要的满足，饿了、渴了、上医院了等等，在当事人无能为力的时候为其提供帮助，而不是当事人把服务者当做工具来使用。对于另一个人来说，在一生中的几年时间里遇到困难（不是连续），总有人愿意提供义务帮助，这是多么巨大的收获！因为有些人一生中可能都不会需要超过几天的义务服务时间。这种收获是没有任何金钱可以衡量的。当一个人支出了五年服务时间的时候，另一个人也就接受了五年的服务时间，如果他不能在其他事情上对社会补偿，那他的服务价值也会有所减损，所以，要求的这个年限不只对于服务者是极限的，对于接受者也是极限。更多的时间是无法再进行回馈的。一般来说，某个人接受了另一个人的帮助，他愿意为对方支出多少服务的时间是自愿的，支付得过多过少对双方都不太有利，所以要审慎待之。但是对于帮助者来说，他接受更多的服务时间一定是好事，就像积攒金钱一样，他为自己积攒更多的服务，也就有了更大的保障。为他人服务，也会像金钱一样成为竞争的资源。由谁来对每个人的服务时间计时，这是重要的内容，也是社会的工作，因此除了当事人双方的协议支出外，有必要建立一个统计银行，这个银行接受所有人的服务存款。在这个领域，供和求的总量一定是平衡的。当然，如果某些人因为生命的停止或导致无能为力的病痛，服务总量的平衡也会被打破，但是无论那些停止服务活动的人本身是具有服务盈余还是亏损，他们本身的空缺都可以被社会其他人的要求填补。因为时间在流动，后来者总需要前面的市场。服务盈余或亏损的量可以作为一个人人生的衡量标准之一，比起财富，它更体现个人的实质价值。当然，通过金钱关系的作用，有些服务是可以通过金钱换取的，这又牵涉到服务和金钱之间的定价关系，但是无论这个价格有什么波动，服务本身的崇高性质都不会减损。那里有人在精神上的衡量。

要理解上面所阐释的思想原理不容易，可是只要有机会用行动演示，就会发现那再简单不过。

我们为上面提出了五年服务的极限期，但是有些情况却可以例外，比如那些天生残疾的人，他们可以在社会法律的刻意安排下接受更多的社会服务时间。还有就是那些接受了其他人身体器官的捐献，因此有理由付出更多服务时间的人。

从上面所体现的精神来说，当一个人声称选择做别人的仆人时，他是狂妄的，他没有任何资本，也没有任何可产生的实质。他所说的仆人不过是寻求别人的施舍，依靠别人的庇护寻求安身地方的乞丐。人类不承认这种仆人具有丝毫的价值。事实往往使人们看到，许多所谓的仆人不过是帮助主人咬别人的狗，他们更像奴才而不是仆人。我们在说仆人是高尚的吗？没有这回事。我们只是说仆人的定义是永远义务为他人服务的人，而不计较自身的回报。这样的仆人有没有？我们认为有，但是只有一个，就是大自然这个环境。这个仆人从来只赋予一切，而从来不要求回馈。人们曾经创造了许多自然环境的主宰，上帝、神、上天、命运等等，但是赋予它们的形象都不过是些残暴无理的怪胎。他们深信这些他们所畏惧的主宰具有支配他们的能力，却无视自己为所欲为的自由想象。他们参拜它，敬畏它，希望它保护自己，但是总拿别人来作为牺牲。他们拜的不是自然的主宰，而是他们自己内心中最为恶劣的本性，就是懦夫的逃避情绪。真正的自然是个大环境，它赋予一切物种以生存可能的方式，极力以最完美的法律完成所有物种的延续；只有当某些物种确实无法获得延续的能力，才会被自己淘汰。对于人类来说，会有雷电、山洪暴发、地震、风暴等等这些天灾来见证自然的危害；而对于自然环境来说，就是因为有这些灾难才时时刻刻地提醒着人们要不断地增强保护自我的意识，使人类的延续在各种灾难的面前都变得可能。即使是相对于个体，它会让失去者是一种解脱，而不是怨恨；会让生者在拥有记忆时也懂得忘记，让他们既懂得总结灾难，也知道忘记痛苦然后追求希望。它做着一切的一切，却绝不奢望一点点回报。若说仆人是对于主人完全不求回报的服务，那它就是唯一可以做到这一点的仆人。它不但给所有活着的人提供可以生存的自然环境，而且给予每个人自由的心灵，告诉他们坚定地按照自己的思维活动。人类理解的自然中只有这一个神，我把它叫做仆神，就是我们的自然环境。

除了这里的描述，对于它的理解也曾经出现过，就是斯宾诺莎理解的上帝，这个上帝也被爱因斯坦信奉。但是这个名字被宗教的暴君首先使用了，并且扭曲了它的意义，因此，那不是我们的名字。仆神，是我们对于一个客体的态度，我们不抱怨它，而是感激它；我们不畏惧它，而是认识它。在此，我们说，仆神从不涉及对人和其他物种的审判，对人类进行审判的只有人自己；仆神只有服务，并且是相对于每一个个体。它的服务不但表现在给予生命，并且给予自由意志。我们在此以非宗教面对宗教，并且期盼两者的统一。

第二节　公民审判

公民的位置是否会出现竞争？这不可避免，尤其在那些生活条件不高，人们没有什么可遗留的财产，自己又渴望收入丰厚一些的地方。但是，如果把公民竞争变成权力竞争，结果就是悲哀的。因此，在有些情况下，公民的待遇会不停地降低以减少不当竞争就不可避免。但是由谁来降，似乎可行的方法只有一个，就是竞争——不停地降低公民的自我要求的竞争，就像竞标，看谁出的价码低。但是获得公民资格后是否可以加价，这是必然不行的，但只是相对于公民本身的职权来说。如果其他人认可这个公民的成绩，并主动地增加其回报率，这当然可以。公民本身是否只能立足于审判？我们坚决不接受这一点。审判是对于社会非正常现象的正常处理方式，而不是把社会的非正常现象当做正常现象来关注；这样的话，秩序层面的问题未免多得不可想象了。因此，公民的自身仍然具有单独的实现工作产出的实践价值。尤其在那些经济条件很差的地区，公民的收入甚至不足以养活自身，怎么办？当然要自己有劳动成果。但是，当公民职责与自身的工作在时间上或其他安排上相矛盾的时候，公民自然要履行公民的第一职责，如果所受的损失可以衡量的话，当事者可以根据情况自愿加以补偿，如果不愿意，可以向社会投入资金，然后按照公民的成绩进行比例分配。这个接受社会组织资本的平台我称为“基金”，针对公民的贡献，我称为“公民基金”。“公民基金”是只具有地方性质还是在一个国家或地区具有公共性？我觉得可以在两边同时进行。在所有地方“公民基金”的总量中按照一个较小的比例进行汇总，形成一个广泛的具有普遍性的“公民基金”，然后按时段或者按杰出贡献的比例实行经济政策上的奖励。

富裕地区和贫困地区的人均差异决定了即使公民之间也会在经济上具有比较的心态；尽管具有这种比较情绪，但是我们并不指责，因为这是来自人的本性，无法避免，尽管他们每个人都品行高尚。但那种比较只限于物质，有种方法可以在经济上弥补其不足，就是我们在前面提到的服务量的价值。一般来说，经济发达的地区人们生活节奏较快，人们总愿意用金钱付出表示自己的回报，简单直接并且很难实质地影响到自己的生活，但是要他们以服务进行回报，放弃自己工作或享乐的时间，这基本上难以做到。但是在相对贫穷的地区，尽管经济拮据，但是人们的生活节奏不是那么快，如果抽出一些时间为他人进行服务，可能还是对于无聊时间的打发，这样的服务贡献就足以弥补经济条件的不足。这种形成精神和物质进行比较的态势，谁胜谁负是说不准的。因此说，除了物质比较，由服务带来的实际收获是另一层比较环境。

公民实行审判，但只能遵守擂台规则。他们提供擂台，但是并不经营擂台。擂台还需要专门的经营者，否则是难以运作的。当一个地方的人们无法满足公民的这种解决方式：

一、调解。调解的结果双方都不满意；
二、宣布两边备战，但是双方对于争斗的平台都不满意；
三、备战项目，两边无法统一协商。

这时就需要社会为人们提供这样一个平台：具有固定的模式，并且按照程度不同设立不同的等级。这些不同程度的等级可以由一个人承担建立，也可以由多人分别建立，但是其中的裁判都必须具有足够的专业水平来评定胜负，如果没有这样的人，擂台规则必然遭到践踏。因此，不同的擂台不但有不同的规则，还要有不同专业的裁判。但是这些裁判并不是公民，他们是擂台上的职业人员。经营擂台的也不是公民，他们可以是商人，也可以是激情的艺术家，也可以是狂热的暴力提倡者；无论是什么，他们都有个需要完成的责任，就是力图挑起社会不平等的争端，使自己的生意兴旺。仅仅有别人来争斗并不会产生自己的收入，他们需要鼓动更多人来赌博，就是看谁能胜利就给谁押注。对于一个严肃的探索社会管理的理论，提出这些建议未免过于混蛋和扯淡。但是我们并不这样认为。人类社会有足够的理由存在对于意外惊喜的追捕，无论哪个社会学家，忽略了这一点都不会完成实质上的可行建议。人们无法接受所有都是已知的社会，无论什么时候，都会必然地产生对于未知激情的觊觎，因此尽管赌博危害自身，且不利于社会，社会仍然趋之若鹜，实在是内心的索求欲望和激情都无法有效释放的双重作用的效果。当然，用道德可以约束。事实上，用道德可以约束一切，不但包括欲望，还能约束本能，甚至于可以约束生命。这是否都是我们需要的？绝对不是。在有些时候，它是某些人需要的，但更多的人是让别人需要而自己绝对不要。收敛那教条式的空谈，这是我们对于这种态度的态度。

疯狂的资本投入一定会刺激人的极端思想和暴力倾向，我们不反对押注，但是绝对拒绝不受限制。也就是说，一定要把人们的赌博激情限制在有限范围内。是否限制，是产生恶性和良性两种不同结果的绝对区别因素。如何限制，很简单，就是把金钱和服务的量连接起来，输了多少钱之外还要按照金钱的数量付出相应的社会服务。我们曾做过主观限制，一个人的极限是把一个人一生中的五年义务服务的期限支付出去，如果超过这个期限，这个人一生中都绝对不可以具有逐利行为，因为那是对于社会总价值的劫掠，因此他一生只能以有限的收入为目标做自我生存保障的工作。但是赢的人绝对不能赢得相应的服务，是没有人支付这个支出的。如何计算服务与金钱之间的价格换算？我们有个很好的方法。首先，绝对不能在公共层面上把服务和价格直接等同起来，因为人的收入是不一样，这样的计算就会导致人的双重掠夺成分。我们可以按照个人的收入来计算，就是说，如果某个人一天的收入是五十元的话，他输了五十元，那他就要交出一天的义务服务量，如果输了一百元，当然就要交出两天的服务量，以此类推。可如果某个人一天的收入是一万或一个月的收入是三十万呢？不需比较，只有当他输了一万才可以同时交出一天的服务量，当然输了三十万就要交出一个月的服务量。请不要认为这不公平，这其实再公平不过。还要涉及一个问题，怎么支出服务？如果某个人什么都没有做，只是通过对他人的虚假协议不就可以蒙混过关了吗？如果被他欺骗的对象愿意的话，那确实可以，因为根本没有办法阻止。但是不要忘了，接受了他的服务的人也要同时交出一天的服务量作为交换，当这个交换他没有完成的时候，他就永远欠着这个社会的义务服务责任，而不是只欠着对他服务的某个人的。因为对他服务的某个人不是无偿的付出，而是对于社会的补偿，只是转移到了他的身上而已。当然，两个人或几个人可以互相交换或互相欺骗，那没有关系，他们可以任意来，但是当某个人的社会服务量积攒得不够而又需要社会的某些特定人群才能服务的时候，他就没有要求的资格。幸运的话他可以用金钱购买，但是这时的定价就不是他说了算了。如果不幸运的话，他也许有钱都无法获得。或许还有个办法，那就是预支自己的服务量，然后用相当长的时间进行补偿，如果补偿的时间达到或超过五年，他就再没有实现个人价值的机会了。所以还是少作弊，多做实事的好。

这种建立在赌博性质上的群体参与机制在实施上还有个重要的性质，就是让公共的审判获得更多人的参与，不要把对与错的决定权掌握在少数人的手里，因为个人的某些偏见总会与公共态度不符，这就需要一种适当的磨合。但是决定结局的一定是当事人双方所代表的支持力量以及他们对于自身正义的争取。这样，群体性的参与就不至于导致像古希腊时期民众可以以随意的态度迫害那些有益于社会的人的情况。由于擂台的前提是对于事实的公开辩证，支持某一方的人们也可以按照自己的正义感参与其中，只要是正规参与渠道，这无可厚非。

还有一种擂台与其他擂台的性质不同，它不接受任何押注，也不用裁判，只要一个“笼子”，这就是生死擂。这是个极端的擂台，当两方的人生死不容，就用这个擂台进行裁决。我们提了这个擂台，也要同时表达设立擂台的原因。当这个世界上的人们都是通过毁灭生命的战争来实现争夺任务的时候，为什么不通过生死擂的方式决出胜负，使输的一方按照协议进行金钱赔偿，最起码这样的角逐总是当事人双方同意的，而战争是那些完全不用参战的人去拿别人的生命为自己的利益服务，并且以杀害别人为自己的荣誉资本，世界上还有比这更不要脸和更加混蛋野蛮的事情吗？所以我们建议，如果有谁提出用发动战争的方式处理问题，那就把他放进生死擂的笼子里接受对方的挑战，当然，如果对方所有人都是不敢应战的懦夫，那让他得逞吧！即使不用这种方式，他也可以用任何一种其它方式获得自己需要的东西。

第三节　社会平台之擂台与舞台

我们在前面只是说了解决矛盾争端的擂台，在生产生活上以及社会建设上，人们同样需要竞争的平台，而我们的建议是建立舞台规则。因为在舞台上，只有拥有才能的表演者才会受到人们的普遍认同和热烈掌声。那些没有能力，只会用拙劣的方式作秀，甚至作假和投机取巧，只会让人们发自内心的厌恶，这时候无论他们使用什么强制的手段，都不会得到人们发自内心的赞同。

一个大的企业，按照今天的衡量，是数量的总规模庞大，即拥有更多的资本，具有更为宽阔的市场，有很多服务的员工。可是在我们的认识中，这样的大有什么意义呢？那仅仅表示这个企业的主导者拥有支配更大资源的权力，而不是更好运作的能力。这个企业下的员工也最多表示一下自己是大企业的员工，还不是糟糕透顶的。把这些可怜的评价当做自豪的资本就未免太可笑了。人的荣誉来自他人对于自己价值的认定，在有效产出上实现的对于人类善的积累是获得生存满足感的最大来源，并因此易于形成崇高的信念，而这绝不可能通过那些不具有实质的评价来获得。就像一个有钱人，每个人都巴结奉承，但是这个人不过继承了他人的财产，无论别人把他说的多么崇高和伟大，他都不会因为自己被奉承的言词而获得生存满足感，相反，他总容易被某个人的不恭敬激发出产生于脆弱内心的暴戾。那可怜的满足感只是零而已。还有我们现在所处社会的许多地位崇高的人，只要别人一句指责的言词，就立刻会激发他们完全野蛮粗暴的攻击情绪，这是因为他们本身都不具有实质的价值，但是被社会的阿谀奉承者推向了虚空的高度，只要别人的一点压力，就会产生坠入深渊的恐惧。这是有价值和没有价值的人之间巨大的区别，并且鸿沟绝对无法逾越。而权力地位的比较在这些实质面前是那么的空洞乏味和虚伪。这或许是我们自己的主观情绪，但是愿意把它表达出来，并且在关键的时候愿意用自己的观念来维护自己信奉的准则。正面的例子也有很多，我们按照自己知道的举个例子。在某个电视访谈节目中，某个主持人问“壹基金”的创始人李连杰：“您的壹基金完全是为了中国的慈善事业，是为了帮助人，但是网络上却有许多网友怀疑甚至指责您，说您自己做慈善事业，自己却留下很多财产，甚至怀疑您有其他不可告人的动机。听到这些，您不生气，不寒心吗？”李连杰的回答是：“作为一项公共事业，而且又是借助社会的力量来完成的，无论谁有什么质疑都正常，也难以避免。但是这都不重要，重要的是看你做什么，怎么做，到了最后，别人都看到了，都了解了，自然也就不再怀疑什么，不再质疑什么。反而会去真正的支持。我做慈善并不代表首先要捐掉我所有的钱，因为这对慈善没有任何帮助。慈善是公共事业，需要公共的管理手段去做，只有这样做好了，慈善事业才有成绩。有些人说我应该把钱全捐了，如果这样有用的话，我立刻捐掉我全部的财产，一分都不留。但是这样没有用，解决不了任何问题，所以，我们还是要按照可行的方案来执行。”这里可以显示出我们要表达的效果，一个真正立足于价值创造的人，并不会在意别人不涉及合理意义的指责，他们清楚地知道自己工作的意义和价值，知道主体性在哪里，由此获得生存满足感的状态才可以充实，崇高信念也只有在这里才可以产生。

在擂台规则上，只有一对一或组对组的较量才是正义的。在社会的舞台上，也只有个人或小组才具有本身的展示，那些“代表行为”从来没有任何理由获得舞台上的掌声，并因此没有任何获得价值的理由。

因为权力的虚伪性，我们不承认它具有任何可以挑战的实质，携掠了社会组织之善的三等人试图以气球鼓起的庞大形态来威胁那些意志薄弱的人，让他们把自己的劳动成果拱手相让，并时刻不忘记用自己的“威严”来作威作福，对于这种“气球”，只要把他们捅破，他们就什么都没有了。怎么去捅？很简单，就是无论面对怎样的人，只要记住针对的都永远是他的这个个人，而不是他背后的权势，只要打败这个个人，他背后的权势再大都无能为力。当一种权势迫害的力量开始启动，那阶级的斗争也就来临了，这时候仍然会形成新的公正较量，而失败者永远是那些支持的人不多的一方。

我们抨击权力，这是无疑的，但是不会把权力和责任接连起来，更不会等同起来。在社会组织之善中，每个环节都需要相互责任的连接，这是秩序上的必然要求，就是说，责任都是相互作用的，而不是一方绝对的主导另一方。

当我们否定权力而认可责任的时候，对于社会平台的擂台挑战以及对于社会平台上的舞台展示就可以实现了。无论我们做什么，在什么岗位，都会在创造能力、生产能力等方面具有竞争，而能力的不同就自然地产生优胜劣汰的实际，不过没有人会真正地被淘汰，只是位置的转换或轮替而已。没有任何责任环境可以拒绝擂台和舞台效应,因为人们具有追求美的实质，所有人都渴望看到更为杰出的人的表演或表现，甚至愿意为此贡献产出进行交换。在公平的擂台上，没有失败者的羞辱，只有胜利者的荣耀。

如果结合我们目前的社会竞争环境，这里的要求未免过于幽默，在一个可以几千人竞争的岗位，人们采用什么擂台进行比赛？

但是我们并不因此觉得自己很讽刺。在一个扭曲变形的社会，没有人敢于拥有实现自身价值的梦想，就认为一切梦想都不过是不能实现的天方夜谭，只有那些利益才是实在的东西。若说人类只能以这个状态延续，那未免太可怜了。若说那些理想都不可能，在某个我们偶然审视的角落，那些安逸和知足的乐趣难道也只是幻觉？

我们看到了几千个人竞争一个岗位的事实，但同时也看到了某些岗位需要几千个人而无人愿意从事的事实。

几千个人在一个位置上进行擂台竞争容易不容易实行我们并不在意，我们在意的是，只容下一个人的这个位置有人占据了，其他的人干什么？

上面的一段只是为了缓解某些读者可能出现的情绪，并不涉及我们要表达的实质，这里放在一边不去管它了。

有些机制会产生公共的舞台效应，但是当表演者和观众彼此不分，就失去了可以产生价值的平台。我们在这里借助一个平台进行关注，就是当代的知识产权问题，它如此深刻地影响了当代创造者的命运。

在中国众多的产权纠纷中，前段时间又发生了一件较为醒目的事件，就是作家韩寒对于百度网站扫描一些网络原创作品拿出和网民共享，但是不向原创者支付任何费用的问题。使用原创作品是否应该向原创者支付费用，这本身无需争辩，若要争辩的话也只能从以什么方式支付或支付多少的角度来探讨，即使以网络共享精神为理由，也不能践踏这个交换的基本准则。当然，有些原创者会使用一些手段，就是首先免费，当别人接受了以后就以主导者的姿态任意制定费用的数额，这必然也是不合理的。一般的商业规则是买方和卖方双方之间制定双方都同意的协议，但是在这个公共空间远远超过私人空间的时代，这种双方的协议往往会影响到第三方的利益或社会的公共效应，虽然当事者两方可以不对此予以考虑——因为无法考虑周全，但是作为这个社会的公共组织一定不能没有态度，这就是法律为什么总具有权威的原因。我们不想有太多评价，只就解决的方法提出自己的建议。

无论什么样的交易或竞争都在一个平台上，这个平台总是以社会原先具有的某种平衡为基础，也就是所谓的市场调节。

双方在当时的交易价格协议如果与这个平台目前的平衡价格相去较远，往往会导致一方事后认为不公平或受到欺骗的心理损伤，如果当时的交易双方是按照目前平台的交易价格相去不远的进行交易，即使交易之后这个平台的交易价格出现巨大的波动，导致交易双方在事后比较之前的交易价格相去较远，其中都不能有任何一方认为自己受到多大损失或受到伤害，这是原先被称为市场的平衡作用。但是当这个世界的市场基本上都成为了某些资本运作家操控的工具的时候，我们就无法再信任它们了。尽管如此，对于一个平台的要求也绝对不能缺失，否则我们没有衡量准则。就像我们没有一个市场的价格进行借鉴，怎么能够衡量出自己产出的价值呢？

如何在一个不可信任的市场之外建立一个新的平台，这是极端困难的工作，但也不是不可能，只要能够借助一个具有绝对威信的约束机构，就有可能实现。一个固定的机构？那可以被信任吗？如果是权力主导的机构一定不能信任，如果是一个只有责任没有权力的机构就可以被信任。因为涉及到定价权，这样的机构没有权力似乎不可能。其实只是不容易而已。

擂台上除了承认擂台机制外，没有任何可以主导结果的权威，把这一规则应用到交易平台同样可能。但是首先不要把放弃市场规则当做前提，事实上，我们从来没有取代市场秩序的想法，而只是说，从另一个层面对其进行补充，以求完善那些不合理的地方，尤其是制止那些操控行为。

或许我们需要一个切入点，就是关于除了市场机制之外的定价问题。涉及到定价问题我们还要一个切入点，就是关于原创的报酬和定价问题。

在今天的社会实质上，其实所有物品都被当作了原创产品，即使是经过商人的运作。从商人手里交给消费者的商品其实也是相对于消费者的原创，因为只有商人对消费者负责，商品在商人背后的原创只属于商人和他背后原创的协议，而消费者只限于和商人之间的协议。就像一件衣服，消费者买来了出现质量问题，他只能去找商人，而不能直接拿给背后的生产厂家要求调换——这是商人的工作。从这里我们说，商人的定价和报酬的主动权掌握在他们自己手里。当然，他们受着市场的约束，可如果他们是市场的垄断者，那么，他们就具有毋庸置疑的主导权。因此从性质上来说，这个世界目前实际支持的是由原创者自己制定价格。当然，真正所获得的报酬多少并不仅仅取决于他们自己，而是取决于市场。尽管如此，我们也可以说，对于这样随意的定价权实质我们有足够的理由找到一个更为权威的地方来作出参考。

对于一个原创产品，在交到消费者手中之前首先应该把它交给一个平台，这平台要具有对其原创价值的审议，就是看这个原创产品可以适合什么样的消费者，然后交给那些可以为那些特定消费者服务的人进行销售。这时候的销售者具有毋庸置疑的定价权，但是在他们的价格制定里一定要包括对于原创者的回报，因为那是他们的产品来源，这是最起码的交易规则。按照什么样的比例，这一定要经过这个平台的审议，因为有些产品的服务性高，有些产品的服务性低，服务性低的产品自然要有相对偏低的回报。但这不能是个静态的过程，就是不能按照平台主导者的主观意愿作出决定，那会形成权力机制。而是按照平台上的市场来进行。怎样形成一个平台上的市场？当一个原创者的产品具有很多的竞争者，就像衣服，很多人都可以做，那么，这个原创提成的收入就没有任何理由太高，这个理由不是谁的主观判断，而是竞争的参与者多，就自然的消减了原创的提成要求。但是如果所有的原创统一起来制定一个所谓的行业规则怎么办？这是目前商业社会普遍使用的方法，他们以垄断的资源对他人的利益产出进行剥夺，并由此形成他们的权力机制。这里是坚决避免的。原创必须具有不停地进行较量的擂台性质，就是后来者总要具有挑战的资格，如果这个资格被剥夺，平台的价值也就失去。只要实行充分的竞争，那逐渐压低的提成就不可避免。但是总不能低的让人吃不饱饭。这就要借助舞台的效应。既每个原创者都要通过舞台的表演来展示自己，以争取这个社会对于自身产品的支持，并提高销售能力。销售能力的提高可以支持其原创者的产出，而提成低就会成为其优势，使别人难以获得竞争的能力。如果谁以高提成维持自己作为原创的产出，作为展示的舞台和市场销售的擂台竞争会使其难以立足。表面上看，这会让众多的原创者感受巨大的压力，事实上完全不是如此。真正有才能和有创造力的人会受到人们普遍的支持，并以此获得崇高的荣誉和相应金钱的回报，而那些能力不足的人完全需要被淘汰。上面我们所说的舞台展示可以理解为现在的广告效应，但是两者的不同在于，广告的宣传主动权掌握在销售者个人手里，即使他们进行欺骗也无法受到有效约束，而舞台的竞争立足于同类的比较和竞争，任何的欺骗和吹嘘都将受到致命的考验。这个社会的人们不需要广告，而需要的是具有擂台规则的舞台展示。

高端产品具有非常困难的原创能力，但是一旦一个原创产品产生并受到人们支持了，就会产生极大的回报效应，可是当这个原创产品寻求垄断市场的时候，它的实质目的就是阻止他人对于其产品的改进。在目前社会上，这种性质的垄断可以轻易产生，就像几年前看到的一个关于创业的电视节目，一个在中国国内具有很大知名度的企业人士声称，把企业做到最高境界的水平就是制定自己的行业规则。说白了，就是确立自己的垄断地位。对于这些品行恶劣的东西我们不做评述，只就平台规则我们说，原创只能具有开放地位，而不能参与市场运作，尽管他们可以参照市场的要求进行改进，但是仍然只能局限于原创平台的要求，那里有他的舞台，他可以展示，但不可以不允许别人展示或对其的竞争。当一个更为优越的产品出现的时候，即使是建立在他的原创的基础上的，只要有改进，都属于这个平台的参与者。不要认为被盗版了或侵权了，要看这个产品是否可以更好地服务社会，因为从实质上讲，社会上的每个原创事实上都是借鉴了其他产品的特点进行改造的结果。

当一件产品到了公共应用的平台上，它就不能再属于某个人，即使是原创，他和产品的关系也不过是共同利益的关系，他可以呼吁人们认可这个产品，但他绝对没有任何限制别人使用的权力，这时候的创造就像大自然的恩赐，也只是借助于人的手而已，若要每个人都对自己的原创拥有绝对所有权，那这个世界上的人们用什么东西都要受制于人，那人们追求的自由、幸福在哪里？

微软以自己的绝对优势垄断了电脑操作系统的市场，并且要求使用这个系统的每个人都要支付产权费用，可是，我们不知道微软的员工及总裁在开的汽车、飞机，吃的粮食、肉类，喝的饮料、酒水这些产品里面有没有支付其他人及自然环境所提供的产权费用，如果他们支付了，就可以要求别人也支付给他们的产权费用，如果他们没有支出这些费用，他们也就没有资格索要这笔费用。当然，这里用这个比方只是借助它的例子揭示某种本质。相对于他们来说，自己辛辛苦苦开发的软件程序别人只要顺手一捞就可以拿来用，这必然是不公平的，但是通过垄断手段要求别人一定按照自己的要求付出代价，这也不算公平。应该怎么处理这个事情，这就带出了我们的意见。

作为原创者，微软的技术开发团队应该立足于一个平台，通过在这个平台上的不断努力，他们获得一种绝对的优势。那么，他们就是这个平台的优胜者，并因此享受作为开拓者在历史上的荣誉或当代社会文化和基金运作者的奖励。同时，他们把自己的产品放进平台，平台把这个产品通过经销者提供给社会。原创和经销商之间具有共同利益的关系，经销商要按照比例支付给原创回报，这是经销商必须承担的责任。这时候原创就不能对社会直接索要报酬，经销商怎么和社会交易是经销商的事情，他们能够得到多少回报要看他们服务了哪些人，服务的质量怎么样。

像微软这种把工程建设团队和销售融为一体的企业，实际上是通过对于社会平台的垄断来进行双重定价，既一方面在社会原创平台的层面排斥其他竞争者，使得这个平台无法实行有效竞争，从而导致定价权被个人主导，同时又使这个服务领域没有社会竞争者，又占据了社会定价权。这不但对消费者有害，对于社会技术平台的发展更为不利。有人认为，作为总裁的比尔·盖茨确实是这个领域的开拓者，他有资格享有竞争上的绝对优势。如果他的个人成绩果然可以在技术平台上占据绝对地位的话，并且在满足社会服务上他又可以做的最好，那这样吧，毕竟要做得更好不太容易。可实际上，当他的个人优势占据一段时间之后，其他竞争者就一定会寻求超越，别的不说，在他的公司内部就必然有一部分杰出的人士来完善他的系统，从而实现对他原先系统的超越。而这些成绩都是必须要提交到社会平台的，否则，个人杰出的贡献价值就被淹没，从而损害了社会平台的建设。自然有些谦虚的人才们自认为自己的成绩是建立在其原先建立的平台上，不是自己的原创，从而没有资格获得荣誉上的超越。作为个人态度，这可以，但是在社会平台上，这不允许。无论什么人开拓的平台，其本身都必然地借助了社会资源的协助，即使是微软的操作系统，没有电子行业的杰出发展，比尔·盖茨的改良环境在哪里？没有改良的环境又凭什么具有绝对的竞争优势？所以我们说，用一时的荣誉长久地占据社会的平台是对于社会资源的侵犯和剥夺。因此说，当他的杰出员工们在技术上完成了很好的改良后，即使来自他公司的内部，其在社会平台上的价值也应该显现，并且不可被剥夺，当他们的实际改良价值被剥夺的时候，作为原创者的破坏作用就没有理由不受到社会的谴责了。

在这个例子中涉及一个盗版的问题。有人使用了社会平台上的技术资源，但是没有相应的回报或尽到一定的义务，这种情况下，这个平台就可以毫不犹豫地剥夺其使用权限。如何剥夺？当然就要借助于法律了。但是像当代中国社会一样，对盗版者给予倾家荡产的惩罚，并且被罚的资金流入了到了不以任何服务作为回报的政府手里。这样的惩罚不但盗版者不会信服，就是社会和历史也不会信服。甚至相比于这种惩罚，盗版者还可以声称自己借助了这些产品服务了社会中的某些人——尽管方法不得当。当盗版者可以这样辩解的时候，于是，我们的态度是：让盗版继续——当这个世界上的一些国家的政府不足以保证社会的公平和原创者的价值的时候。

经销商如何获得经营资格？我们认为，经销商经营的一切项目都要来自原创舞台，因为只有在舞台上展示出来的产品才会被人们认识及比较，当这些经销商经营的产品达不到在原创擂台上展示的效果的时候，人们就有权利对他们进行控诉。如果是制造责任，经销商就可以去起诉制造工厂。是原创漏洞，经销商就可以去指责原创在展示上的不足。这种程序几乎直接激发更高创造力的产生。

对于经销商经营商品的价格定位，人们几乎只要看到原创舞台的展示就可以基本认清，原先那只“看不见的手”的市场平衡作用在这里可以清楚的被人们看到是怎么运作的。

在社会原创这个舞台上，我们认为，每一步的进步都理应被载入历史——即使一点小小的改进。并对其中每个原创者的生产和社会环境予以记录，在长久的统计分析中，让人们看到这个世界上真正价值的创造者不是那些以破坏和毁灭为代表的政治方式，而是具有实实在在贡献价值的劳动者。

在正义的领域，社会是个擂台，但在善的领域，社会则是个舞台。每个人都可以以充分地表演来显示自己的魅力，并征服别人的心灵，甚至获得别人的服从。但是能够立足在这个舞台上的一定要是在社会擂台竞争中的优胜者，就像一个长寿的老人，他可以因为活到一百岁而自豪，并且也会获得别人的钦佩。但是当他周围的人都活到一百多岁，他还要表现自己的长寿，这不但征服不了别人，甚至于会被别人嘲笑。因此，这个舞台从来都只属于擂台中的优胜者。对于优胜的保持就是表演艺术的精湛。这与目前在刻意设计下装疯卖傻或装腔作势的演艺人员完全不同。

当我们说到这里的时候，所有上述的前提请都不要忘了，是在公民审判的原则中。公民作为具有最终意义的审判者，他必然是以服从善和追求正义为准则的，哪些擂台竞赛可以进行，哪些不可以进行；哪些表演可以接受，哪些不可以接受，公民们拥有最终的发言权，这个系统将因为他们而逐渐完善，而不是瘫痪。

我们丝毫不介意有人会认为我们是天方夜谭，尤其在目前的意识形态和国际环境下。但是在这个主观的评判之前，请容许我们对于一个未知的未来略为展望：据说人类已经有了移民火星的计划，尽管目前还处在胚胎阶段，但并没有人可以说他不会成长并最终成型。在那似乎遥远又似乎不那么遥远的将来，地球上的人们还想把这里的竞争方式带到火星吗？如果是那样，人类在那里的一点煽风点火就可能毁掉人类几十年甚至上百年的努力。由于目前人口过多，在地球犯下的错误还可以由更多的人口在生存竞争的压力中消除掉（因为生存压力的破坏性更大，一些错误也就不值一提了）。当另一个地方的人口难以维持自身的延续，一点破坏就可以导致整体的毁灭，那时，人类是否能保证自己还有足够的机会继续的在那另一个环境中持续地延续下去。毕竟，人类自身的争斗也要到了强弩之末了。并且，原先慷慨大方的大自然似乎也有些不乐意了，并不时显示吝啬姿态。

第四节　传统经济理论的片面和局限

亚当·斯密认为，商业使国家之间的关系倾向于和平。今天，这种说法仍然有其积极意义，尽管它完全不可以被信任。商业确实会在一定程度上产生和平，原因就是商业本身就是个公平较量的擂台，人们通过讨价还价使自己的收益达到满足状态，但是当商业的资源被某一方垄断，或者商业的规则被某一方任意制定，这时的商业就绝对不会产生和平，甚至我们可以说，它必将把不平等的交易导入到战争状态。

关于经济学原理的书现在已经出了很多，各方面的表达也已经很到位，但在现实处理中，除了当权者在使用一些法律法规为社会制定一些基本的行为底线外，也实在没有更多有效实行的成就。当然，这种说法是会有很多人不承认的，尤其是那些打着凯恩斯主义的银行大佬或经济学家，他们总认为自己对于世界经济的发展起着主导性的救世作用。然而除了他们自己，是没有人会承认的。

以前，众多人所关注的是政治权力主导下的社会治理，从亚当·斯密开始，经济学作为一门独立的学科被研究社会管理的杰出人士们所重视，尽管他强调的是自然平衡机制，并且要求政府要明智地服从这一规律，但是后来者仍然又把这门学科丢进了政府权力的大门。作为后来有影响力的一员，李嘉图试图建立一个秩序，就是让各方面按照自己拿手的技术发展自己的产业，即他的相对优势理论。但是他忽略了一个情形，就是产业化的社会总分为上游和下游，而上游总是具有主导和支配下游的资源，身处下游的人在被动的情况下怎么保证自身的安全都是问题，更不要谈欲望的拓展。这个巨大的约束决定了他的理论只是富人的工具，甚至也适合柏拉图的理想国，但是绝对不适合具有欲望拓展并追求公正的人类社会。凯恩斯，对于今天的发展国家影响最大的经济学者，虽然在表面上他立足对于充分就业的要求，并以此衡量经济的能力，其本质却是在于通过调节手段增加极权管理的技术含量，当然，他把政治权力转移到了资本运作者的手中，使原先的非法投机行为变成合法管理性质，但是权力管理的性质是没有变的。这里没有给他完全正面评价的原因在于：他只是要求把人民都动员起来发展经济，但是却对于人民的生存满足感不予任何考虑。对于人民来说，在没有工作的情况下获得一份工作确实非常重要，但是对于那些有工作的人来说，在工作中如何获得意义、价值和满足，这也同样重要。凯恩斯不但完全无视这一点，甚至还带有一种主观倾向，就是认为那些被安排了工作的人们理应以放弃自由和尊严的代价进行交换。

上述的几位具有影响力的经济学家基本奠定了近代经济学的基础，在相对环境下，他们的理论都有可取之处，尤其在政治治理方面，都可以产生巨大的指导作用。但是在他们设定的平衡范围外，那些东西就变成了害人的骗局。

在中国，两千多年前就有一位了不起的学者发现了资本调节对于社会管理的非凡作用，并和中国历史上最伟大的一位皇帝一起在实际操作上产生了同凯恩斯主义者一样非凡的成绩。他是西汉汉文帝时代的贾谊。但是遗憾的是，他的学术成就并没有任何人去发展，直到两千多年后，这个国家还没有其他人有丝毫的突破甚至企及。

今天所面对的经济现象在表面上显示出更大的复杂性，并让人们觉得前途迷茫。由此可以看到传统经济理论说服力的衰退。这种现象导致包括我们在内的人对于所谓的权威深表怀疑，因此，也激发了我们对于经济本质新的思考。传统思维的影子是抹不掉的，是否能有所开拓，那要看是否能打造被现时社会使用的工具。

经济不等同于金钱，钱多未必就是经济发达，专门研究过经济学的人自然清楚这其中的区别。可是现实社会却几乎可以把它们等同起来，因为现实社会在运作上确实把它们统一起来了。这是历代延续和发展的经济理论的成就，同时也是他们为经济学打造的一个“围城”。

不用回复历史，我们可以直接地说，经济的能力是生产或创造产品的能力。拓展成经济理论，就发展出生产创造多少产品取决于消费的能力。消费能力不足，生产的东西没用，也就不能产生更高的生产力。这是今天众所周知的国内生产总值GDP以及国民生产总值GNP计量的来源依据。从追求幸福的角度考虑，对于物质的追求被导向了多多益善的方向。这些当然都没有问题，我们只是要问，相应的理论是否促成了善的实施或对于正义的追求，如果在这两方面有所损失的话，人类必然得不偿失。

作为微观经济学和宏观经济学的代表，斯密的《国富论》和凯恩斯的《货币论》以及与《货币论》贯穿始终并形成一个完整体系的《就业、利息和货币通论》已经把资本管理发挥到了登峰造极的水平，在这基础上的发展几乎不再可能。尽管这一经济学体系已经表现得尽善尽美（尤其在改善人们的幸福生活方面），但是在面对现今困难的经济环境下，它们几乎无能为力，尤其是货币资本的主导者与被货币支配的人们所产生的支配与被支配的不合理现状几乎无力解决。只要存在绝对的主导者和被主导者，意见的分歧和不平等态度就不可避免。

我们借助经济原理抒发本书要表达的核心意义，即对于善的更高追求，但这势必要撼动权力阶层的主观指导思想，历史无数次地证明，这样的理论都是没有生命力的。但这又有什么关系呢？我们活着就是在寻找活着的乐趣和生存满足感，只要现下满足于这种表达，我们的愿望也就实现了。

人的生产动力首先来自自我需要，然后才能在有条件的情况下追求更有价值的开拓创造，后者产生的创造力总是无限地优于前者，这点是完全毋庸置疑的，但是获得后者创造的机会比起前者则渺茫得多；人的消费首先来自基本的需要，只有在这个基本需要满足的情况下才会对更为便利的条件提出要求，然而，消费的层面并不仅限于此，受着周围环境的激发，人的欲望可以被无限地开拓——只要具有可能。借助现代经济学理论，即使学得最肤浅的学生都明白，通过价格进行调节不但可以限制欲望，还可以激发创造。这本身没有问题，而且完全符合正义的衡量。但是当价格被定义在完全用货币衡量，甚至只能用货币衡量的时候，货币的发行者就获得了完全不符合正义条件的特殊权力。许多人相信，借助监督可以解决这个问题。但是正义的原理告诉我们，这绝不可能。就像把狮子和羊的劳动总产出放在一块，然后让狮子和羊进行比赛，谁能获得胜利谁就可以获得更多的份额。不要说按照规则给予胜者合理的奖励，还没有开始比赛，狮子就会拿掉全部份额，并且还会将羊也毫不留情地吃掉。因为弱势监督的力量与强势执行的力量绝不会等同，只要执行力量略有优势，正义的平衡就会立刻被打破，那是不公正的对决，是不会产生都有输赢的可能的。主导性的货币论就是货币主义，它的本质就是建立权力机制的基础。而我们在开篇不久就说明，组织之善是拒绝权力意识的。

交易是组织之善的基础，无论是否通过货币，它本身都处于必然正义的地位，但这个交易的条件是使得两边共同享有讨价还价的平衡，没有这种平衡，正当的交易也就不存在，实际上就变质为掠夺。

金钱交易在大部分情况下都服从公平交易的准则，如果没有强权介入，它具有善与正义的自然平衡，就像亚当·斯密所提倡的市场自然平衡理论，也就是今天所普遍理解的自由市场。但是当货币的总量被支配，甚至可以无限增长这种支配权的时候，平衡交易就再也不存在，资本世界的主导力也就显而易见了。后者是凯恩斯的成就，用以解决资本权力阶层的管理难题。作为学者的凯恩斯还是懂得有限约束自身权力的，凭借着通货膨胀理论，他为权力者们提供了适当的制约条件，但他的信奉者们绝不会对于自身权力有主动约束倾向。作为权力阶层，无限的增长权力恰恰是他们的第一特性。所以，即使在民主制度极为健全的美国，寻求权力膨胀的银行家们也仍然为民众带来了极大的压迫感，如果不是借助国际市场对其他弱势国家进行掠夺，受这种权力指导的民主制度基本上已经应该摇摇欲坠了。但是当这种货币政策的危机在其他制度脆弱的国家出现的时候，抵御它的力量就显得那么的渺小，货币危机产生的政治危机是那么的直接而坦率。

自由市场是毋庸置疑的必须服从的规律，但前提条件是绝不可以有货币主导力，当然，货币调节的作用不可或缺。在今天的社会环境下，这个要求似乎是地球以外的神话。但我们坚持，并且试图系统地建立它（正像我们在前面所表述的那样）。

在现代学术领域，借助各种数学公式和各种图形分析可以达到逻辑清晰、客观因素分析全面的特征，但是，那只是相对于已知因素全面并且主观波动性不强的环境来说。在受主观因素主导的地区，那些图形不过是些没用的摆设，没用人会去在意它，更不会去受它的主导。承认主观意志的波动作用自然是危险的，因为那总会让人变得不理智。但是那些奉劝人要理智的人实际上在表达什么意思呢？就是对于那些受到不公平待遇的人说："你受到损失是因为你没有能力，像你这种没有能力的人就理应得到不公平的待遇。但是你不能发怒，因为你发怒的话，包括我在内的其他人也会受到损失。你更不能寻求公平，因为如果你得到了公平，而我们就不能得到额外的利益了。所以，你要找到一条不能损害其他人利益、更不能损害我的利益的方法后再寻求公平。"这种理智是拿来愚弄蠢人的。不要再进行没有公平的较量了。在交易的舞台上，人们都面对同一个对抗的擂台，只要有执行规则的公正的裁判，没有人会在得到理所应当的份额后还会心有不平，其不如意只能对于自身，除了回去努力积蓄更大的力量，不会有第二条可行的方式。我们这里似乎在呼唤一个真正的上帝或者某个公正的命运主宰。但我们确信，这样的东西是不会出现的。真正的理想除了靠自己去完成，还能靠谁呢？因此，我们在这里一直强调的擂台和舞台规则就是对于一种公正的呼唤，或许这终究不可能得到，但是对于一个信念的追求的过程本身就是寻求满足目标的过程，这种获得信念的过程想必是有人愿意一起分享的。

第五章　一点意见

第一节　对诚实和谎言态度的一点意见

我们是在建立一个新的国家国际秩序吗？答案是否定的。我们不支持、也不相信有任何所谓的可以主导一切的正确秩序。我们把这里的意见当做一种调料，给那些对自己的味道不满意的人或社会增添一个调试的机会，看看是否对于满足口味有帮助。本书命名为“善学”，这理应只是对于一个定义或概念的探讨，但却把自己建立在公共秩序上的意识形态借题表达了出来，这是不合规矩的。但我们也没有办法，要不怎么办呢？对着所有人说：你们要正义，你们要善良，你们不能争斗、不要破坏、不要打仗，安安心心地努力工作造福人类。所有人都会把我们当白痴，这甚至不要紧，重要的是，他们更加增强了自己为所欲为的正确理念：如果不这样做的话，就会像那群白痴一样痴人说梦。

我们无意像那些哲学家一样，仅仅要求追求所谓事物的本质，或者像中国古代的思想家一样追求格物致知的精神，甚至不屑于对当代社会问题的不足提出改造的要求。我们实际想要求的是改变或影响将来的教育环境，为未来的人们更清楚地看清社会环境提供见解，并从程度上尽可能地减少悲哀事件的发生。而这个愿望的实现不取决于任何一个人，它是社会整体的选择倾向，但每个人都真实充分地表达自己的观点则是一种责任。

在当代的教育环境中，有个完全不被人认识的悲哀情况，我们有必要在此特别指出，就是对于谎言的态度。当人们把诚实当做美德的时候，就自然把谎言划入到了不道德的行列中而大加指责，但是那些指责别人撒谎的人却丝毫不在意自己时刻与谎言相伴。这种人性中的普遍性格极端无理，但却从不被人所反省。再对此现象进行指责也是无益的，不为别的，就为现在和将来的孩子，还是让我们弄清楚一下情况吧！

对于无法保护自己的人来说，逃避危险是必须的选择。在大人与孩子的关系中，大人所占据的主导地位就决定了他们可以评判孩子们行为的对与错，而孩子则完全不能反过来和大人们具有同等的权利。在对孩子“错误”行为的指责中，人们丝毫不在意孩子在行为上的逻辑性，而那是他们遵从事物规律的选择，也是智识发展的必然要求，他们唯一错的地方就在于对某些客观事实的影响因素分析不够，但是通过他们的行为，大人们就完全可以对他们的不足进行弥补，这是能够得以引导他们的重要前提，只要大人是对的，经过验证，孩子就会自然改进。但是有多少大人们以自以为是的态度认为孩子们的不足是愚蠢的“错误”，并对其大加指责，除了造成对孩子心灵的伤害，再不会起到其他的作用。大人们以自己的愚蠢把能够得以完善和改造的机会变成了伤害，还以优越者的姿态沾沾自喜，除了他们自己，谁还会信服？孩子也不会。当发现谎言可以躲避责难的时候，孩子们为什么不这样做？而这与大人们撒谎的理由完全一致。当人们把诚实当做美德，由此把谎言当做不道德的时候，这完全是一种错误。谎言是因为力量不足而采用的自我保护的方式，在没有变成欺骗的时候，它不具有任何不道德的性质。对于大人们来说，当发现了孩子撒谎，就需要明智地认识到他们具有自我保护不足的恐惧，在此拿出让他们可以信任的保护力量是必须的责任，这个保护措施拿不出来，无论什么样的指责都仅仅是逼迫孩子把自我保护变成欺骗。因此我们还可以自我总结地说：诚实是具有自我保护力量的信心见证，而谎言是自我保护力量不足的显示。这个大人与孩子的关系比较也完全适用于国家和个人的关系，当国家对人民的保护力量不足，人民就会以谎言应对国家的责难。当国家对人民具有足够的保护力量，人民就具有改造自身的信心和力量，社会的发展将在他们的技术要求中实现。

第二节　历史审判的公正基础

鲁迅先生在临终之前对于这个问题表达了自己的观点：对于一些历史人物的评价是可以在不同时代的不同环境中具有差异或变化的。对于很多人来说，这种情况会导致某种无奈，尤其是那些追求高尚情操，甚至于为了他人的幸福和社会的正义而选择自我牺牲的人们。当人们的历史评论发生扭曲，对于这种高尚的信仰确实是一种摧残。那历史的评价是不是会在不同的环境中左右飘移甚至是摇摆不定呢？从已经表现出来的现象来看，确是如此。因为在某些特别阶段，原先被人们一直认为的正面人物形象会被扭曲或颠覆，一些原先被认为的负面形象也会被美化。当这一切皆有可能的时候，历史的荣誉在一些人的观念里似乎也只是无聊的玩笑罢了。可是没有人否认，历史的荣誉凝聚了人世间最为高尚的追求信仰。当世代传承的高尚信仰被所谓的洒脱所湮灭，许多崇高的人物所做出的伟大贡献就不再具有崇高的价值了，这可以被接受吗？没有任何一个时代可以完全接受。鲁迅先生认为对于历史人物的评价在不同时代的不同环境里会发生变化，这是没有错的，因为事实确是如此。但这并不表示那些已经完成了人生使命的个人价值发生了变化，相反，他们的行为已经永久的恒定了——在没有新的事实证据推翻原先的结论之前。就是说，无论别人对他们怎么评价，他们的事实行为就摆在那里，没有谁改变的了。这个时候对于他们的评价事实上并不是在反映他们本身的情况，而是相反，已经完成了人生使命的他们在用自己的个人人生尺度作为标准来衡量那些评价他们的人的尺寸。

对于历史人物的评价并不是在为那些历史人物打造新的衡量尺度，而是对于那些评论者目前人生尺度的衡量。这个准则无人可以否定。

那些已经没有更新的证据证明其人生还有可补充之处的历史人物，人们对于他们的赞颂以及厌恶都永久的定格在了当时对他们的评价之上。这样的论断绝不是没有事实依据的空穴来风，我们只要通过一些简单的例子，就足以让所有人都认识到那毋庸置疑的实质。

直到今天，大部分人对于周恩来总理的敬仰都是建立在周恩来本人对于这个国家和国家的人民在工作方面的贡献上，其个人的人格魅力也只是这方面的反映。如果没有相应的工作实质，就像那些没有以信仰为指导方向的演员以及那些不履行职责服务社会，却整天装腔作势的官员，无论他们怎么表演，都不会获得人们的认同。人们对任何一个人认同的基础都来自对方实际的做了怎样的工作。许多人所做的工作并不是所有人都看得到，但是通过那些看到了、知道了、了解了的人们的传达，其他人就会有个明智的调查意向，最终会以事实为依据，对其人其事做出客观的评价。比如当某个人为人们义务修建了一座桥，给大家带来了巨大的方便。知道了这个人义务修桥的善举的人们会对其贡献进行传诵，那些听到了传说但是没有了解的人首先在有条件的情况下会去调查这座桥是否存在，以及原先是否就存在。如果新建的是事实，那这座桥的质量怎么样？结构是否可以满足各种通行工具的需要？以此审查修桥的人是真正在为人们服务还是以廉价的投入骗取人们对其道德的赞颂。不需要什么心计，也不需要非凡的能力，人们只要通过本能，就可以清楚的把事物的性质进行总结。如果是后者，即修桥的人只是做的形象工程，并且因此使得这座桥存在巨大的安全隐患，那人们对这个人的道德传诵就会立马停止，进而对于安全的指责就不可避免，因为这个指责是对社会的责任，是为了防止人们过桥时发生危险。如果这座桥修的很结实，并且可以满足大部分人们的通行要求，赞颂就会在周围延续，直到再遇到这样的一些人：他们开始怀疑这座桥是不是修桥者免费为社会修建的。这个问题也会引起一部分人对于事实的调查。为什么是否免费很重要，并没有很多人讨论这个问题，但是社会却具有看重这个问题的自然本能。我们认为这个本能是有存在基础的，来源就是我们在前面提到的正义理论。公平和公正是站在社会正义的角度对现实状态的衡量，是否公平以及是否公正的标准就来自是否存在合理的交易。如果某个人拿了别人的东西却不给钱，就是违背交易合理性，进而给对方带来损失，人们会站在被动的利益损失方来衡量拿别人东西的人，无论说是抢劫也好，盗窃也好，实际上是对于这个人违背正义的索取的指责。正常的交易行为人们会觉得理所应当。那对于义务帮助别人的人的态度的感激也仍然符合正义的准则，就是某人帮助了别人却不求回报，社会的人们会以感激的情绪给与荣誉上的报酬，当帮助他人具有价值上的无限性，那人们对其所赋予的荣誉也同样具有价值上的无限性。社会的正义准则确实是在一切细节中向人们提出服从要求。正是在这个以正义为准则的基本要求中，人们需要一切事实的真相，因为只有真相大白，人们才会以公平、公正的交易准则来验证正义是否存在。对于那个修桥的人来说，如果事实上他接受了别人巨额的资金，受着别人的委托来做这件事，结果却宣扬自己为人们义务服务，人们很快就会对这个人进行新的衡量，他隐藏了别人的投入实质，却声称是自己的产出，这实际上是对于他人本应获得荣誉的剥夺。人们完全会从反面的角度对此人进行指责，因为他拿了别人的东西做他份内的事，却把别人理所应当获得的荣誉放在了自己身上。反过来，这个人是自己出的资本，建的又是合格的桥，当这一切都毋庸置疑，那人们就尽可以不断的传诵他的贡献，而不会再有任何的指责。甚至于遇到其他怀疑的人，也可以声称此人的行为已经得到了确实的证明，并且不惧怕对方再去验证，从而打消他人的疑虑。从这个过程来说，没有任何一个指责是错误的。如果遇到一个诽谤的家伙，人们会通过对于事实的比较来衡量这个诽谤者的恶劣品质，因为他不以事实为依据，这样的人绝对不会对于正义有所要求。从这个角度我们说，当一个人在他的时代获得了荣誉，一定是经过他的时代验证了的结果。追求正义是人们的本能，只有当事实无法否定，人们才会在公平、公正的衡量准则中做出最终的定论。对于那些在当时因为贡献而获得人们认同的人，人们会通过这个人的行为表现获得巨大的满足感，因为社会的正义得到了实现，这是人类社会最为崇高的理想和追求，尤其当许多往事已成为历史，善的实质已经不属于当时的人的时候，延续下来的就只有追求正义的精神以及实现正义的满足感。这就是许多人追求历史荣誉的原因，也是许多人宁愿为此抛弃生命和享乐的原因。如前所述，人们对于周恩来的敬仰不是建立在他的权势上，不是建立在他的绅士表现上，也不是建立在当时的人们可以向他索取某些东西的欲望上，而是人们完完全全的以正义为衡量准则，对他那杰出的工作表现却没有获得理所应当的回报所进行的荣誉的补偿和认定上。

那些曾经的贡献者，在当时一定可以让许多人获得精神上的满足和安慰。人们渴望具有非凡的创造力，但是没有办法做到，于是就在那些拥有能力的人身上获得美感。在那些人身上获得满足，这是赋予其荣誉的先决条件。

历史荣誉的传承正是建立在这一基础上：当时的人们通过各种方式验证某个人工作价值的崇高，在获得满足感的同时向他人和历史传承实践者的美德。在传承的过程中，被称颂的人在价值上会具有累积提升的倾向。这个倾向不是没有来由的，就是当目前的人没有达到与其相同的水平，人们内心中对于崇高价值的渴望就会在其身上逐渐累积，并且时间越长，分量越重。当一个同样伟大或更为伟大的人出现，人们就会把崇拜和称颂转移到这样的人身上。反之，如果这样的人一直不出现，在时间的推移中，越来越多人的渴望无法在当时获得满足，人们就会加倍的推崇那些历史人物，以此作为表达不满的途径，同时也是释放不满情绪的方式。许多人会在这种情况下夸大历史人物的传奇色彩，但这种传奇并没有理由受到不符合现实依据的指责，因为现实的依据早已经过了认定，就是当时的人们认可了那样的人，那些人也在当时经受了各种考验，最终被认为可以信赖，也可以满足当时人们对于正义的渴望，这就是已经被认定的现实。后来的一切传奇色彩都是对于正义获得以后所进行的浪漫表达。当然，这需要某些限制，否则就会违背人们对于事实进行认定的要求，最终把可以信赖的行为表现当作不可相信的天马行空。但是，如果一些基本的浪漫表现都要被一些道学家以所谓不符合事实的态度严厉谴责，甚至转而对于那些已经被赋予历史荣誉的人物大家批评，这种态度就更加过分和极端。他们可以反驳和怀疑那些难以让人信服的浪漫表达，但是他们没有资格否定已经被称颂的历史人物，因为那些人以杰出的工作表现满足了当时人们的渴望，人们感激他、称颂他，并且把高尚的信仰延续。反驳和批评杰出历史人物的资格在哪里？他们没有任何别人可以认可的贡献，除非有特别科学的求证态度，否则，口头表达的仅仅是厥词。

立场是导致对于历史人物进行争论的最大原因，因为许多历史人物的立场与后来一些人所主张的立场不同，于是就会因此反驳那些历史人物。他们这时候反驳的不是那些已经做出了实际工作的人，而是反驳他们所做的工作处于什么角度的问题。这本身是扭曲的。我们以中国所熟知的“包青天”为例。众所周知，他的荣誉是建立在公正审判的基础上，后来的人称颂他不畏皇权，敢于站在公正的角度为弱者伸冤。或许有人认为事实上不会那么绝对，甚至一些人仅仅翻看了几页历史书就认为被称为“包青天”的包拯也不过是统治者治理人民的工具，并且指责其向着专制皇权说话的态度。这种看似进步的理论实际上只是见证了那些人已经白痴到失去了人类最起码的对于正义具有追求的本能。包青天本身如何，没有任何人可以超越时间的限制回到那个时代进行调查，就算真的到了那个时代，他也未必就能调查清楚。真正的衡量标准不是在那些文字的描述——许多文字澄清不了事实，也不是那些扭曲的立场鉴定，而是当时的人们愿意称颂这样的人，并且没有其它反驳的证据证明其称颂的不是事实，这才是历史人物荣誉认定的基础。如果没有这个基础，试想（或者以现在的例子比较），一个贪污受贿，对人民残忍刻薄，各方面都表现出罪恶实质的官员，他组织一帮人称颂他的仁德，并且组织大量的人书写编撰他并不存在的治理功劳，这样的人是否就会受到历史的赞誉呢？谁都可以试一试，看结果怎么样。无需质疑，很多的人会了解事实的真相，并且对于这个人的罪恶进行指责，他想打造的一切历史荣誉都会被当作笑谈。这样的人会获得被称颂的历史荣誉，没有可能。有些事实就表现的很明显：一些文人骚客通过一些不知从哪发现的文字记载，就去大加称颂那些不知哪来的高尚情操。无论他们怎么摇头晃脑，自以为是，社会都不会把他们的意见看重，因为没有通过事实检验的历史人物没有实现价值的基础。相反，像包青天这种在当时确实进行过公正的审判，并且被所有人认同的人，人们传颂他是建立在完全的事实基础上，没有人可以推翻，如果当时的人已经把他行为的真实性推翻的话，也就不会有后来的包青天。

对于像包青天这样的人，一些人站在不同的立场就想否定他，产生的结果一定不会如其所愿。就像那些罔顾社会正义要求，处于审判者的地位却不顾公正，为了私欲可以颠倒黑白、贪赃枉法，然后说包青天是历史的谎言，是无知百姓的鼓吹。这时候能见证的事实是什么？只是这种人的厚颜无耻和罪恶本质。他不是在抹黑人们心中的包青天，他也无法做得到，他只是让人们看到，以包青天的公正审判为衡量基础，世上还有这种人的黑暗。

任何一个历史人物，只要产生了人们已经传承的价值，就没有任何可以被抹黑的可能，每一个这样的人都是指引人们的明灯，让人们向着更为正义的高尚方向前进。有谁不渴盼那更高的荣誉呢？只要在实践上有所突破，每个人都具有可能。历史人物是所有人的阶梯，有志向的人踏着他们的肩膀前进。无需考虑和历史人物比较，因为这种比较是没有实质性的，别人帮助了十个人，你可以帮助一百个，最多只能说明你现在更有条件，而不能表示你更伟大。因为别人可能是通过一生的努力拯救了十个人的生命，而你只是举手之劳照顾了一百人的一顿饭。真正的衡量在于他人所获得的满足感，这是当事者本人绝对无法把握的。

可以让他人获得满足的工作实质只要产生，任何的诋毁都不会有力量。今天的许多人清楚的知道周恩来的遭遇，可以说六七十年代的“四人帮”组织对于周恩来的诋毁和打压是绞尽脑汁的，但是最终没有任何成效，原因是周恩来只立足于有效的工作产出，而不是和他们一样耍暗算人的小聪明，如果是那样，今天也就不会具有周恩来的历史荣誉和人格魅力。

历史人物的荣誉还将继续传承，站在尊重事实依据的立场上发出一些质疑的声音无可厚非，但是没有人有资格否认那些已经被认定了并且在当时使人们获得巨大满足的工作实质，除非评论者的工作做的更加杰出，让人们获得更大的满足，否则，就不要把那些无聊的意见当作非凡的见解——只是诋毁的声音而已。站在不同立场上的反叛声音也会不时出现，但是最终可以被认定的只能是已经产生了价值的事实。鲁迅先生的看法也会成为很多人的担心，但是这个担心丝毫没有必要，除非追求的只是个虚名。真正的荣誉只会被没有揭示的事实湮灭，当事实已经清晰，所有立场上的反对都只是对于评论者的衡量。许多的历史案件都出现过反复，比如说岳飞是不是民族英雄？这一点在民间没有争议，只是一些学者站在无法让人理解的角度去批判。我们不需要知道他们什么意思，我们只知道，当一个国家面临外敌的入侵，所有的民众都没有力量抵抗，并且承受随时被任意杀戮的危险，本应保护人民的国家领袖像一只老鼠一样四处逃窜，一个像岳飞这样的将领领导人民进行抵抗，使人民有了抵抗的勇气，有了保卫家园和保护生命的途径，我们有什么理由不对他顶礼膜拜，有什么理由不世代传颂。当这是无法湮灭的事实，所谓的历史意义、统治工具、阶级性质都是多么虚伪的东西。

虽然鲁迅先生并没有认识到历史荣誉产生的真正性质，但是通过对于社会责任和人道主义的追求，他实现了自己的人生价值。就是在那个黑暗的社会中，他发出了明确的批判和反抗的声音，这是对于纯粹正义的追求，这种追求必将在历史的长河中长期传承下去。

我们几乎可以肯定，未来一定会在某些时期有某些特定的人会对像周恩来、鲁迅这样的人进行诋毁。对于他们的诋毁，这个时代的人们绝对不可能接受，因为这个时代的评价是建立在对于事实依据的认定上，未来出现的那些诋毁的人，他们不会关注事实，他们只会以自己的利益立场为选择方向，当他们的立场本身就是对于善和正义的违背的时候，他们的评价就不会有任何可取之处。以事实为依据的评判准则必然见证出那些人低劣的品质和犯罪的倾向。同理，当今天的一些人试图诋毁那些已经获得了历史荣誉的人们的时候，他们本身的品质就要作为第一因素进行考虑。

我们在此提出这个结论：一切历史荣誉的认定都是建立在当时的人们所获得的满足感上。因此，那些不能满足时代的要求却想以装腔作势获得历史荣誉的人绝不可能得逞。无论他们多么期盼以表演的形式获得历史的认同，只要没有实质的工作产出，或者没有让当时的人们获得满足，人们都会在根本上对其否定。这种否定是符合自然原理和公共准则的。如果有人对这种否定进行抱怨，一定不会获得社会的普遍认同，相反，他们的态度将会受到人们的怀疑，并进而引起人们对他们自身品性的调查。这种调查的结果都会毋庸置疑的显示，这些人是不能创造社会价值的蠢货。

历史的荣誉是历史审判的结果，当时的人们是否能够获得满足感是是否能获得历史荣誉的唯一依据，脱离了这个准则，一切的历史评判都不会具有价值。没有这个条件，任何历史荣誉的产生都没有任何可能。

第三节 善行善道

在前面的论述中，您可能会觉得善的探讨方向被导向了对于法律精神的理解中，对于普通人的实际善行或道德精神有些忽略。事实上这不是刻意的。我们说，没有来自人类社会的正义法律诉求，善是不会具有独立存在的根基的，尽管它的性质不灭，就是受到帮助的人和帮助他人的人都会获得内心的满足，甚至产生溢出的激情，但是这种满足都只是相对于他们来说的自然精神状态，就和获得美食、好的休息、情欲的缠绵一样是一种机体的临时感受。这种感受会指导他们的行动方向，就是以积极和善意的心态面对其它可影响的环境。但是这种人的主动状态和先天的本能一样，就是一种自然行为的产生，当不如意来临，这种行为也就会发生改变，一切都仅仅处于自然本能的状态下。让某人的行为具有善行的性质不是取决于其个人的行为，而是社会对其个人的感知态度。受到帮助的人或者看到有人帮助别人，他们把对这种行为的感受向第三方传递，若第三方可以从这个传递的信息中获得同样感恩式的满足，在调查清楚是实事真相的情况下，还有向更广范围传播的意愿，我们说，这种扩展的满足才能产生善的社会观念。善是公共的态度影响力，我们这样认为。当善行产生，也就是公共对于某种行为的性质具有共识，这个共识会引导社会道德准则的产生，作为评价和衡量行为的底线和方向。善行被发现、被传播，人们从公共的角度对其认可，在这一系列的过程中，人们累积起来的满足感所产生的态度几乎会强行的赋予行善者以公共的荣誉，有些荣誉过于崇高，甚至让行善者自己都认为无法承担的起，事实上，行善者不需要有这种压力，那只是社会对自己已经产生行为的态度，是他们衡量社会价值方向的标准，自己只要享有别人认可的满足就是对自己生存意义的认可和回报。如果这个人把这种公共荣誉导向了另一个方向，就是向那些满足自己曾经行为的人大量索取，然后转换成权势要求别人服从，这就产生了社会化的奴役实质，也可以说剥夺了别人按照本能表达自己态度的自由——这是自己曾经获得他人认可的基础，这时候他就绝对不是曾经的行善者，相反，他背叛了曾经的自己，把那种获得满足和社会荣誉的途径完全放弃，转而投入到为伤害别人而让别人憎恨的行为里去，无论谁在这时候反对他都不需要对他曾经行过善在意，当某个人连自己都背叛了，人们有什么理由不去反对他呢？

善是公共的态度，对自己只会产生影响，但没有主导自己未来的权力。若有人愿意为自己赋予权势或力量，那也只是赋予者具有对自己行为更高的期待，自己是否可以满足对方的要求只能在未来行为中衡量，而不能把曾经的态度当做不能变的准则。毫无疑问，这是一种交换。

社会中的行善者几乎毫无例外的只是基于个人态度的基础上。我们在前面的“观念论”中提到，利己性准则是指导人的行为的唯一准则，最优化需求和最大化选择是指导一切行为方向的来源。社会化的提示为最大化选择提供了最大的依据，但受限于人的生命能量（这是我们在另一个体系中所引用的概念）的因素，不同的人在面对同一个事物的情况下会做出不同的选择，但那些倾向于获得他人认同的社会荣誉的人总会在关键时刻施以最大化的善举，甚至不惜以失去生命为代价，人们对这种行为的认定无论赋予多高的荣誉都不为过——在没有某人把它转化为掠夺借口之前。

我们需要对上面的态度做个总结：

个人的善行只显示个人主观行为的准则，也是个人对最大化目标的选择反映，这时候并不涉及社会意义；

社会对于善的衡量是社会对于公共态度在整体意愿上的要求，这个要求不限于特定的方式，而取决于人们是否满足。

我们从上面的总结中得到，善是一种公共的衡量态度，无论在个人还是社会那里都不占有绝对的准则，所以也就会出现这种情况：在普遍信奉宗教的国家里，人们认为那些笃信宗教的人是真正善的；而在宣传无神论的社会，人们以追求自由为获得善的前提；在实行公法的国家，人们认为服从法律是得以实行善行的前提；在私法社会，人们支持反抗，并作为英雄行为的体现。反面的论证还有很多，但基本原则是完全不变的，就是以公共态度为基础。但是这个公共要排除两方面的影响：一种是代表行为，就是把一部分人的意见当做“公共”的意见；另一种受到利益取舍的选择，就是所表达的态度会直接和当下的利益取舍挂钩。我们说，这两方面有任何一方面的影响都不会具有公共效应。自由为什么可贵？就因为在它的自由表达下可以获得最大的社会组织之善和道德之善的实质，那是人们公共的诉求。

个人的善行需要被社会传导并感知如此重要，因此人们就具有这种自然的意愿，当发现某个人行为本质真的让人可敬，就会具有很大的传播意愿。当然，在我们中国的“文化”氛围中有句话叫做“好事不出门，坏事传千里”，就当下来说，这没有错，因为所有人感知都只是对自己好还是不好的事，而从来不考虑对于公共的好与坏，这种层面的“好”与“坏”与公共的善是无关的。

时代的变革已经发生，私民社会的评价已经不足以让公共信服，原先隐埋在人们内心深处的道德准则已经逐渐公开化，“老天的双眼”、“人人心里都有一杆称”逐渐的被人们的公开化评论所取代，公共的最优化选择已经产生，就是互联网时代的道德评价，这真正触及到了公共社会，争议和反驳不足为实质，只是过程，公共的正义审判几乎无可争辩（尽管那些不足反驳的杂音不断争辩，却总是没有任何力量）。这里不但证明公理的存在，而且从未消失，只是在某些环境的影响下暂时压抑爆发的态势。

在反映公共舆论的互联网时代，在对于善的促进上，我们感激那些引导了时代前进的舆论。在这个具体表达上，我们的态度是：这个时代是互联网时代没有错，但更是腾讯时代，它所组织起来的舆论表达是公共社会的开拓者，即使将来进入了新的黑暗，它的时代价值也是永不磨灭。

对于善行的关注在今天不再只是个人的意愿问题，而是公共无比急切的渴盼，我们基本上没有在具体行为上予以过多的举例，因为公共显示的例子已经无比丰富。作为结尾和补充，我们把最近发生的例子在这里用理论来融入一下进行分析。

老人跌倒了没有人扶是人性道德的悲剧，事实上，在人性社会（服从于人性的道德社会）这根本不可能发生，但是发生了，这不是没有理由，并且让我们亲眼看到了理由在哪里：

一位开车的司机下车扶起了跌倒的老人并把受伤的老人送到医院，老人污蔑是扶自己的司机撞到了自己，并要求对方赔偿医疗费。其实，这种情况在任何时代都有发生，要不然农夫和蛇的故事也不会流传那么久。但是作为国家的审判机构，弄清事实并做出合理的审判是他们是否具有存在意义的标准。如果审判的不合理，它们就完全没有存在的必要，人们更不会接受它们“权威”的支配。这个时代的审判者在这个时代犯了这样的错误：“如果不是你撞倒的，你就不会扶送她上医院”变成了审判者的逻辑。这种违背人性的逻辑我们已经不需要去反驳和批判，其实直接就可以给他们定罪，这种罪过远在畜生禽兽对人的伤害之上，那些对人进行伤害的畜生禽兽只是为了防止人类伤害自己，为了自己获得安全，或者因为饥饿，把人当做猎食的对象。像人类这样完全基于对正直人性的践踏，使人们本应相互关照的社会关系变成理所应当的进行相互蚕食的毒蛇猛兽，比起发动无来由的战争还要罪恶深重百倍。因为战争本身就是不同组织善的力量和意志的较量，它总是倾向于让维护社会组织更大的善的一方获得胜利，甚至于说是服从了正义的较量，因此绝对的胜利方总是具有超出一切的胜利满足感（甚至可以掩盖掉对于牺牲者的悲痛）——尽管其对于善的实质具有伤害和损失。但是这种不公的审判呢？它不会带来任何积极的东西，对于社会的破坏却无与伦比——无论是相对于善还是正义。无论这个时代是否对这种情况进行惩罚，历史的惩罚都是必然要进行的，并且不会没有直观的显示，因为维护了这种审判结果的环境一定具有历史的罪恶，作为正义的审判，社会绝对不可能不对这种罪恶进行惩罚，只是在时间上没有限定而已。

在善行中期待回报是许多人行善的初衷。我们对这种情况的理解是：为了获得回报的善行本身并不能算是善行，借助于善行的名义对别人进行要求实质上是掠夺行为。因为同等的付出与回报是交易，直接立足于交易的人无论是否提出善行，其本身都具有毋庸置疑的社会善的性质。不是立足于公平的交易却要求更多，这当然只是掠夺。在这个态度中我们要引出一个核心中的核心，个人不可以以行善的借口要求别人，但是作为这个社会的公共组织，它一定有义务让这样的人获得公共的荣誉。是否获得回报，取决于社会组织中的人是否具有回报的态度，这个组织的领导者可以倡议，但绝对不能自己进行回报，这样做的话，它就把自己的社会载体地位变成了审判地位，这是对于公共道德基础的巨大践踏。借助基金会的运作可以成为最好的手段，但是奖赏的权利在基金会运作者的手里。组织以及组织领导者的荣誉并不会被剥夺，因为健康的基金运作本身就是对他们最高的荣誉认定。荣誉，是组织力量赋予个人的全部，也是唯一。当一个社会对一个被公共组织赋予了荣誉的人不能提供任何回报，他们本身的自残就决定了他们早晚会沦为他人的奴隶，或者成为被侵吞的对象。

读书奖励

善与恶的定义是自古以来就具有的争议话题，在学术上，它们可以仅仅是意见，但是涉及到现实生活，对善和恶任何一方面的偏向都完全足以主导人们的情绪并转而影响到人们的行动或行事作风。当我们从这个角度看这个问题，立足点就偏向了应用方面。这里的观点不是盖棺定论，从目前来说，只能算是意见，但用的是理论论证的方法表达，尽管里面的构建有更多的通俗理解的部分。

我们认为这里的论证是成功的，但是并不排除有其它可以进行反驳并且具有依据的观点。如果一个公共的并包含重要人性基础的话题不能由个人说了算是社会的共识，那么，一个意见性的讨论范围便是获得某种依据的基础。由此，本书的作者试图做出这样的一个尝试：如果有哪位读者把这里的意见性的基础推翻，并且可以找到让人信服的依据，那么，作为一种学术探讨的劳动回报，作者愿意自己拿出一万元人民币的金额进行奖励。善和恶如此近距离的与我们相随相伴并与灵魂和生活息息相关，要拿出一些独到的见解想必不是难事，但是要发展成具有说服力的可靠依据，或许就不是那么简单了。

上述活动可以是通俗的表达，也可以是理论的论证。但是评审的平台一定要具有公共效应，就是不可以一人做出决断，无论是权威还是什么。谁来评定？我们的意见是：无论是谁，都可以找到任意几个人来作为自己已经进行了验证的证人证明。

然后就可以联系作者，并正式建立评审团队，在讨论氛围中决出最终的优胜。只要对于人性的美德具有追求，无论怎样的表达，我们都期望看到不同的展示风采。

联系作者的方法:
邮箱: 1242323861@qq.com
QQ:　1242323861